Martin Luther

Gud vil alles frelse

Martin Luther

Gud vil alles frelse

Oversat og tilrettelagt
Finn B. Andersen

Oversat og tilrettelagt: Finn B. Andersen

Forlag: Books on Demand GmbH, København, Danmark
Tryk: Books on Demand GmbH, Norderstedt, Tyskland

ISBN 978-87-430-0184-3

Indholdsfortegnelse

Forord

I forordet til den samlede udgave af Luthers latinske skrifter fra 1545 gør Luther opmærksom på, at han i sine tidlige skrifter har skrevet meget, som han nu må forkaste.

Hans teologi stod ikke fuldt færdig på én gang, men udviklede sig lidt efter lidt gennem kampe og skriverier. Dette faktum gør sig også gældende i Luthers syn på forholdet mellem Guds frelsesvilje og det evige nådevalg.

Som munk i augustiner-eremitter ordenen overtog Luther også mere eller mindre ureflekteret Augustins syn på forudbestemmelsen. Først langt inde i reformationen reviderede Luther sin opfattelse her. Nyopdagelsen af evangeliet trængte da også igennem på dette punkt. Meget tyder på, at det var mødet med en radikal augustinsk udvælgelseslære inden for den evangelisk fløjs egne række, der for alvor førte til en revision at dette lærepunkt hos Luther. Det skyldes specielt et skrift af Zwingli, som han fremlagde ved Rigsdagen i Augsburg i 1530.

Med denne revision hos de wittenbergske teologer efter 1530 fremstår der en evangelisk udvælgelseslære, hvor Guds altomfattende og universelle frelsesvilje kommer til at stå i centrum. Gud vil virkelig, at alle mennesker skal frelses og komme til tro. Derfor har det enkelte menneske lov til at regne med, at evangeliet også gælder for ham og hende.

Dette gudsbillede har sit direkte udspring i reformationens nye evangelieforståelse, som lidt efter lidt gennemtrængte hele Luthers tænkning og teologi. Luther kan i en prædiken fra 1532 udtrykke det sådan:

> "Hvis nogen ville male et præcist billede af Gud, måtte det
> være et billede af lutter kærlighed, som var den guddommelige natur intet andet end en åben ild og lidenskabelig
> kærlighed, der opfyldte himmelen og jorden."

Da flere af disse senere Lutherskrifter ikke er tilgængelige på dansk, bringes de her i en ny oversættelse.

Som indledning til oversættelserne bringes en kort oversigt over den forståelse af Guds frelsesvilje, der har præget henholdsvis den lutherske og den reformerte kirke fra reformationen af.

Cand.theol.
Finn B. Andersen

Forståelsen af nådevalget i den reformerte og den lutherske kirke

I bibelen finder man en række udsagn, der lærer, at Gud fra evighed af har foretaget en udvælgelse, der ikke omfatter hele menneskeheden, men kun enkelte personer. Således slutningsordene i lignelsen om kongesønnens bryllup i Matt. 22, 14: "Mange er kaldet, men få er udvalgt", og ordene i Ef 1, 4 om, at Gud før verden blev grundlagt, har udvalgt os i Kristus. Disse ord er ifølge vers 1 talt til de troende. I Johannes' Åbenbaring tales der i kap. 13, 8 om nogen "hvis navn ikke, fra verden blev grundlagt, står skrevet i livets bog".

På den anden side har vi en række udsagn, der klart lærer, at Guds frelsesvilje er universel og strækker sig til alle. Således 1 Tim.2, 4: "Gud vil, at alle mennesker skal frelses", og i den lille bibel, Joh. 3, 16, hvor det hedder, at Gud elskede "verden", så han gav sin Søn. Og mange andre steder.

På den ene side har vi altså en række udsagn, der lærer en særlig og begrænset udvælgelse af enkeltpersoner og på den anden side nogle, der forkynder Guds almene frelsesvilje.

Ud fra en overbevisning om at bibelen ikke modsiger sig selv på et så væsentligt punkt, har man i kirkens historie søgt at harmonisere disse udsagn på forskellig måde.

Augustin

Den første, som da påkalder sig opmærksomhed, er den nok betydeligste af kirkefædrene, nemlig Augustin, hvis syn på prædestinationen har sat den absolutte standard for teologien på dette punkt.

Ifølge egne oplysninger ændrede Augustin sit syn på prædestinationen i 397, foranlediget af striden med Pelagius om den rette forståelse af synd og nåde. Inden dette tidspunkt havde Augustin været af den opfattelse, at Gud havde forudbestemt dem til frelse, som han fra evighed af havde set ville komme til tro. Han opfattede da troen som noget, der stod i menneskets egen magt at fremkalde og præstere. I striden med Pelagius blev det ham imidlertid klart, at også troen er Guds gave, som Augustin så ikke længere mente, kunne være årsagen til forudbestemmelsen.

Årsagen måtte ligge i Gud selv, som suverænt havde udvalgt nogle til frelse, og havde forbigået de andre. Dem, Gud har udvalgt, skænker han så her i tiden troen på en *uimodståelig* måde. De udvalgtes tal er fastsat af Gud og kan hverken øges eller mindskes. De udvalgte kan ikke miste troen, så de falder endegyldigt fra.

Da Augustin ikke direkte lærer, at Gud har udvalgt nogle til fortabelse, men blot har forbigået dem, idet han har udvalgt andre, har man kaldt dette for en enkelt prædestinationslære, modsat en dobbelt, hvor man direkte siger, at nogle er bestemt til frelse og andre til fortabelse.

Ud fra almindelige logiske regler og systematisk teologi må man dog betegne Augustins lære som en dobbelt prædestinationslære, da han fornægter Guds universelle og altomfattende frelsesvilje. Ordene fra 1Tim.2, 4: "Gud vil, at alle mennesker skal frelses" omtolkede han da også med logisk konsekvens til "alle slags" mennesker, dvs. mennesker fra alle sociale lag, erhverv osv.

Bagsiden af Augustins kompromisløse kamp for Guds enevirken og nådens eneherredømme er altså en benægtelse af Guds universelle frelsesvilje. Det er et aspekt, der oftest overses i vurderingen af Augustins teologi.

Luther

Springer man frem til reformationstiden, ser man, at Luther i første omgang mere eller mindre ureflekteret overtog Augustins syn.

Luther var jo munk i augustiner-eremitter ordenen. Denne orden byggede først og fremmest på Augustins teologi, og det var da også hos Augustin, Luther fandt sin vigtigste støtte i sin nye forståelse af evangeliet.

I kommentaren til Romerbrevet fra 1516 fornægter Luther således endnu i lighed med Augustin Kristi universelle soningsdød. Kristus er ikke død for alle, men kun for de udvalgte (kommentaren til Rom. 8, 28).

Først i 1525 tager Luther sin udvælgelseslære op til en grundigere revision. Det sker i skriftet "Om den trælbundne vilje".

Her vedkender Luther sig læren om Guds altomfattende og universelle frelsesvilje. Det hedder her om Guds vilje, sådan som den er åbenbaret i Skriften: "Gud vil, at alle mennesker skal frelses, så sandt han kommer til alle med sit frelsende ord, og når det slår fejl, ligger skylden hos menneskets vilje, som ikke giver ham adgang, sådan som det hedder i Matt. 22, 37: 'Hvor ofte har jeg ikke villet samle dine børn, men I ville ikke'."[1]

Samtidig har Luther en række vanskeligt forståelige udtalelser om den skjulte Gud i skriftet. Forståelsen af disse ytringer har været meget omdiskuteret, og blandt andet udgav man fra reformert hold hele bogen, da man mente, man kunne bruge den i argumentationen i den senere strid med lutheranerne om udvælgelsen.

Heldigvis har Luther dog selv i sine senere skrifter uddybet og forklaret sit syn på udvælgelsen og givet konkret vejledning i, hvordan han ønsker sin bog læst. Derved fremkom der det, som man med rette kan kalde en *evangelisk udvælgelseslære,* der er udformet helt i overensstemmelse med den reformatoriske lære om retfærdiggørelsen.

Efter 1525 møder vi således hos Luther en entydig fastholden ved Guds universelle og altomfattende frelsesvilje, hvor *den eneste årsag til forskellen i menneskers udvælgelse alene ligger hos det enkelte menneske selv,* nemlig i hvorvidt man i tro modtager Guds frelsestilbud eller afviser og modstår det. (Se teksterne senere i bogen).

Den reformerte kirkes dobbelte forudbestemmelse

---

1 WA 18, 686

I den reformerte kirke låste man sig fra starten fast på en bestemt forståelse af bibelens udsagn om udvælgelsen, og bortforklarede samtidig bibelens lære om Guds almene frelsesvilje. De vers, der udtrykker en almen frelsesvilje, omtolkede man i lighed med det, man ser hos Augustin, hvor alle mennesker bliver til alle slags mennesker.

Hos den reformerte kirkes grundlægger, Calvin, og hos hans betydeligste efterfølger, Beza, møder vi en *ubetinget og dobbelt* forudbestemmelse.

Ifølge denne lære har Gud fra evighed af delt hele menneskeheden i to. *Helt uafhængig af den enkeltes forhold til Kristus og evangeliet.* Alene fordi Gud ville det sådan, til forherligelse af hans barmhjertighed og hellige retfærdighed. Calvin siger således direkte, at menneskene er "skabt" med forskellig bestemmelse. Den ene del af menneskeheden er skabt til evigt liv, for at forherlige Guds barmhjertighed, og den anden del er skabt til evig fordømmelse, for at forherlige Guds hellige retfærdighed. Calvin kalder selv denne bestemmelse for en forfærdelig bestemmelse (decretum horribile). For at virkeliggøre denne plan har Gud også bestemt syndefaldet![2]

Efter således suverænt at have delt hele menneskeheden i to, har Gud besluttet at føre de udvalgte til evigt liv gennem Kristus. Kristus er kun død for disse udvalgte og *ikke for hele verden*. Gennem evangeliets forkyndelse skænker Gud nåden og skaber troen hos de udvalgte på *uimodståelig måde*. Disse kan heller ikke senere falde endegyldigt fra.

Denne lære er således en *systematisk og konsekvent* gennemført dobbelt forudbestemmelseslære, både til frelse og fortabelse. *Udvælgelseskriterierne er alene at finde i Guds suveræne vilje.* Det er derfor også en *absolut* eller ubetinget udvælgelseslære, hvor der helt ses bort fra det enkelte menneskes forhold til Kristus og evangeliet.

---

2 CR 29, 865

Samtaler mellem de reformerte og lutheranerne

Dette reformerte syn på udvælgelsen fremkom først efter Luthers død, og var således ikke et egentligt stridspunkt i Luthers levetid. Første ved religionssamtalerne mellem de reformerte og lutheranerne i Mömpelgard i 1586 blev det tydeligt og kom officielt frem, at der her var to *uforenelige og modstridende* syn på udvælgelsen.

De to vigtigste repræsentanter ved samtalerne var fra luthersk side Jakob Andreä, medforfatter af Konkordiebogen, og fra reformert side Thedor Beza, den betydeligste af Calvins efterfølgere.

Emnerne for samtalerne var kristologien og nadverlæren. I drøftelserne omkring nadveren kom man også ind på *dåben*, og det var her, prædestinationslæren blev inddraget. Beza gjorde da hjertes indre genfødelse og meddelelsen af Helligånden *afhængig* af Guds forudbestemmelse. Dåben var *kun virksom* for dem, Gud i sit evige råd havde bestemt til evigt liv. Mod dette satte lutheranerne dåbens virkning i forbindelse med Guds løfters universalitet, hvilket betyder, at syndsforladelsen er til stede "reelt", og ikke kun bliver *vist* i dåben, men også *reelt bliver skænket* til troens modtagelse.

Disse ytringer førte så ind i en egentlig diskussion omkring prædestinationen.[3]

Er nådevalget universelt eller begrænset til enkelte personer?

Allerede inden disse samtaler havde der *på luthersk grund* været enkelte drøftelser om nådevalget. Vi har således bevaret et brev fra *Martin Chemnitz*, som var hovedforfatter af Konkordiebogens afsnit om prædestinationen.

---

3 Gottfried Adam: "Der Streit um die Prädestination im ausgehenden 16. Jahrhundert"; Neukirchen 1970, s. 43

Chemnitz brev er hans svar til Fyrst Wolffgang på baggrund af en strid i Osterode om spørgsmålet, om nådevalget skulle opfattes som *universelt*, omfattende alle mennesker, troende som vantro, eller om det snarere var *partikulært*, kun omfattende en del af menneskeheden.

Chemnitz skriver, at han ikke kan svare så kategorisk på et så dybt emne. Han henviser til, at emnet har været behandlet på et konvent i Torgau og i Strassburg, hvor man afviste at kalde nådevalget universelt, da det stred mod bibelens faktiske sprogbrug. Ifølge bibelen bliver alle, der er udvalgt nemlig også frelst, altså kan det ikke omfatte både troende og vantro. På den anden side afviser Chemnitz også uden videre at kalde nådevalget for partikulært, da det kan opfattes som om Gud ikke ønsker at alle skal frelses. Chemnitz råder derfor til at man undgår disse udtryk, og i stedet omhyggeligt forklarer selve sagen.[4]

Netop den problemstilling, hvor man ønsker at *fastholde både* Guds universelle frelsesvilje *og* et nådevalg, der kun omfatter de troende, var det, man kom til at beskæftige sig indgående med fremover i ortodoksien.

Melanchthons lutherske forståelsesnøgle

Nøglen til at fastholde begge udsagn fandt man hos Luthers nærmeste medarbejder, Melanchthon, som allerede havde formuleret sin forståelse i sin troslære "Locien" fra 1535.

Forståelsesnøglen er den nøje overensstemmelse mellem retfærdiggørelse og udvælgelse. Da Guds retfærdiggørelse af mennesker jo er *virkeliggørelsen* her i tiden af den *frelsesplan*, som han har bestemt fra evighed af - og da Gud ikke har besluttet ét i evighed, for at udføre noget andet i tiden - så må retfærdiggørelsen og udvælgelsen svarer fuldstændigt til hinanden som en plan og dens udførelse gør. På samme måde som vi retfærdiggøres alene på grund af Guds barmhjertighed og Kristi fortjeneste grebet i tro,

---

4 P. J. Rehtmeyer: "Historiæ Ecclesiasticæ Inclytæ Urbis Braunsvigæ", bind 3, Beylagen s. 239-44

på samme måde er vi udvalgt fra evighed af. Skønt Kristus ganske vist først her i tiden har udført sit frelsesværk og mennesker først her i tiden i troen griber dette, så indgår ikke desto mindre *begge dele* i Guds udvælgelse fra evighed af.[5]

Den lutherske lære kan således kaldes *en betinget udvælgelseslære*. Betinget både af Kristi frelsesværk og af menneskers forhold dertil.

Guds frelsesvilje er ubetinget og strækker sig til alle, men udvælgelsen af enkeltpersoner er betinget af menneskers forhold til Kristus.

Valgets mulighed

Det betyder imidlertid ikke, at Gud på forhånd har fundet noget i de udvalgte, som har bevæget ham til at udvælge netop dem. Nej, som i retfærdiggørelsen således også i udvælgelsen. Det er Gud, der først kommer til os og tilsiger os syndernes forladelse. Det er ham det selv gennem nådemidlerne vækker troen i vore hjerter. – Men mennesket *kan modsætte sig Guds frelsestilbud* og modstå nåden, og dét gør forskellen på dem, der bliver retfærdiggjort og udvalgt og dem, der ikke bliver det. Modsat den reformerte kirke lærer den lutherske kirke, at mennesker rent faktisk kan modstå nåden. Dette hænger blandt andet sammen med at Gud har skabt mennesket i sit billede, som en selvstændig person, og ikke som et dyr eller en programmerbar robot.

Meningen med at Gud skabte mennesket som et selvstændig individ var, at mennesket skulle elske Gud i *frivillig* kærlighed - ikke at de skulle vælge noget andet. De, der gør det, har således kun sig selv at takke.

Den bundne vilje

---

5 Se oversættelsen fra Melanchthons troslære her i bogen.

Denne evangeliske udvælgelseslære skal på ingen måde rokke ved Luthers lære om *den trælbundne vilje*. Læren om menneskets bundne vilje fastholder, at vi, sådan som vi er i os selv af naturen, ikke af hjertet kan opfylde Guds lov, frelse os selv eller selv finde på at søge Gud. Mennesket er af natur fjendtlig indstillet mod Gud, *derfor nytter det heller ikke blot at formane og appellere* til omvendelse og tro. Dette er noget som Gud må virke i os gennem evangeliets forkyndelse.

Denne sandhed fremhævede også Vilhelm Beck, som beklagede, at nogle mente, at vi har en fri vilje, og "at hele sagen med at blive troende udelukkende skulle bero på, om man vil". Nej, "at et menneske bliver omvendt, bliver troende, det er der sandelig ingen af os, der kunne gøre ved nogen. Det er et mirakel, en undergerning, som ingen kan gøre Jesus efter".[6]

Troen er alene Guds værk og ren gave. Luther afviser klart Aristoteles lære om, at fornuften stræber efter det bedste og altid tragter efter det gode. Nej, hvis Gud ikke kom til os først og drog os til sig ved evangeliet, da måtte vi gå evigt fortabt, og ingen ville komme til tro. Troens mulighed, ja, troen selv, er noget Gud giver gennem evangeliet.

Det er ikke os, der vælger Gud, men Gud der vælger os. Men han gør det *ikke på uimodståelig måde*. Af natur er vi alle fjender og modstander af Guds vilje, men dette hindrer ikke i sig selv Guds frelse. Det afgørende er, hvordan vi forholder os, når Guds frelsestilbud lyder til os gennem evangeliet, om vi da *hårdnakket* fastholder vor modstand.

Tidsaspektet i det evige nådevalg

For vore tanker og fatteevne volder det problemer at forstå, hvordan Gud fra evighed af kan vide og tage hensyn til menneskers tro her i tiden. En

---

6 Annexet 1898, s. 95

tro, der ikke fremstår automatisk ved fastlagte naturlove, men som er afhængig af menneskets reelle valgmulighed, der ikke på forhånd er afgjort eller bestemt af Gud.

I Konkordiebogen undlod man at gå nærmere ind på dette tidsaspekt, men nøjedes med at fastslå, at det evige nådevalg er sket på nøjagtig samme måde som retfærdiggørelsen her i tiden, nemlig i Kristus og ved tro.

I ortodoksien blev man imidlertid nødt til at præcisere den lutherske lære over for det reformerte syn. Ifølge de reformerte var nådevalget jo sket helt tilfældigt, uafhængigt af menneskers forhold til Kristus. De ortodokse teologer præciserede nu derfor, at nådevalget var sket på baggrund af Guds *forudviden* om menneskers tro på Kristus. Guds alvidenhed indebærer ifølge de ortodokse teologer, at alting ligger blottet for Guds åsyn i et eneste nærværende nu. Gud er hævet over tid og rum, og for ham er alting lige nærværende, derfor kan han også fra evighed af tage hensyn til en tro, der først opstår her i tiden.

Lutheranerne i Nordamerika i nyere tid

I nyere tid har der været en længerevarende strid om nådevalget blandt lutheranerne i Nordamerika. Det var den længste og mest omfattende strid i den amerikanske kirkes historie. Også de norske menigheder i Nordamerika blev splittet i denne strid. I 1922 sluttede de fleste af de norske menigheder sig dog sammen igen og nedfældede deres syn på nådevalget i dokumentet "The Madison Agreement".[7]

Heri anerkender man både Konkordiebogens og ortodoksiens fremstilling som *to gyldige udtryk* for en ret forståelse af bibelens tale om det evige nådevalg.

---

7 Hans Robert Haug: "The predestination controversy in the lutheran church in North America", Philadelphia/Michigan 1968, s. 899-901

Som et udtryk for ortodoksiens fremstilling henviste man til "Pontop-pidans Explanation, Question 548". Bag dette udtryk gemmer der sig så-mænd den århusiansk fødte *Erik Pontoppidan*, senere biskop i Bergen, og hans "Sandhed til Gudfrygtighed" fra 1739. Denne forklaring til Luthers Lille Katekismus havde de norske emigranter med sig, da de drog til Ame-rika.

Spørgsmål 548, som der refereres til, lyder sådan: "Hvad er udvælgel-sen?", og svaret er: "At Gud har beskikket alle dem til det evige liv, som han af evighed har set ville antage den tilbudte nåde, tro på Kristus og i denne tro blive bestandig indtil enden".

Nådevalget bestemmes ud fra vort forhold til Kristus

Gud har fra evighed af set, hvem der ved Helligåndens virken gennem nådemidlerne ville komme til tro - og dem har han udvalgt - og lagt deres frelse i sine stærke hænder.

Johann Gerhard, der regnes for ortodoksiens betydeligste teolog, har sammenfattet den lutherske lære om udvælgelsen sådan: "Udvælgelsen er sket under hensyn til Kristus, som gribes i troen (intuitu Christi per fidem apprehendendi)".[8]

Det er også den tanke, man finder i 1 Pet.1, 2: "Udvalgt ifølge Gud Fa-ders forudviden", og i Rom.8, 29: "Dem, han forud har kendt, dem har han også forudbestemt til at blive hans Søns billede lige".

Den mildere calvinisme

Den reformerte kirke har siden modereret Calvin og Bezas lære. Ved sam-talerne mellem lutheranerne og de reformerte i Leipzig i 1631 var man

---

8 Johann Gerhard: "Loci Theologici ", Leipzig 1885, del IV, s. 49

således enige om, at bekende Guds universelle frelsesvilje og Kristi stedfortrædende død i alles sted. De reformerte trak dog noget i land, idet de ønskede at lade det stå som et ubesvaret spørgsmål, hvorfor Gud kun skænkede enkelte troen, når han i sin almagt kunne skænke alle troen.[9]

Samme synspunkt møder vi også i nyere tid i den lutherske Missourisynode i Nordamerika. Her vil man også lade det stå som en hemmelighed i Gud, hvorfor ikke alle bliver frelst. Man afviger således på dette punkt fra *den traditionelle lutherske kirkelære, der alene lægger årsagen til menneskers forskellige frelse og udvælgelse i mennesket selv.*

Nådevalget hos de nordiske teologer

Det evangeliske syn på nådevalget, som blev udformet i reformationen og stadfæstet som luthersk kirkelære i ortodoksien, finder vi hos en lang række teologer. Af nordiske teologer i nyere tid kan blandt andet nævnes Rosenius, P. Madsen, Hallesby og Prenter.

Rosenius siger således: "Indbydelsen går ud. Der graves og gødes om træet. Gennem dette får mennesket en evne, en anledning, som det ikke før havde, til at vælge mellem døden og livet, og først da afgør det ved den stilling, det indtager, sin evige skæbne. Nu siger Paulus her, at Herren i sin alvidenhed har forudset, hvem der modtager nåden. Ikke udset, men forudset. Og det er disse, Gud i kraft af sin forudviden fra evighed har forudbestemt til at blive hans Søn lig."[10]

Også om forbønnens betydning i forbindelse med disse spørgsmål har Rosenius en vigtig bemærkning: "Vel må vi ikke vente, at Gud for vor bøns skyld bryder den orden, han selv har fastsat, og gør vold på et gen-

---

9 H. A. Niemeyer: "Collectio Confessionum in Ecclesiis Reformatis Publicatarum", Leipzig 1840, s. 653 ff.
10 Samlede Skrifter V, Hillerød 1974, s. 133

stridigt menneskes frihed - friheden til at vrage Guds kaldende og vækkende nåde. Men det bør vi tro, at Gud for de troendes forbøns skyld gør noget særligt for det menneske, som forbønnen gælder."[11]

Hallesby udgav i 1921 sit skrift "Utvelgelsen", som på en fin og klar måde formidler det lutherske syn på nådevalget. Han siger her, at grunden til at man ofte misforstår denne lære er, at: "man sammenblander Guds evige frelservilje, som angår alle mennesker med Guds evige utvelgelse eller forutbestemmelse, som kun angår de mennesker, der ikke nekter å ta imot frelsen."

Hallesby fastholder også menneskets mulighed for at modsætte sig Guds frelsestilbud. - Og at menneskets stilling til evangeliet netop indgår i Guds evige nådevalg: "Guds evige forutbestemmelse utelukker ikke menneskets eget frie valg, men inneslutter dette". Hallesby tager derfor også afstand fra et "absolut nådevalg", hvor der ikke tages hensyn til, hvordan den enkelte forholder sig til Kristus.[12]

Da Hallesby henviser til P. Madsen og i vid udstrækning følger fremstillingen i hans dogmatik, er det overflødigt at gå nærmere ind på ham her.

I "Kirkens tro" fra 1964 fremhæver også Prenter menneskets valgmulighed, når Ånden ved evangeliets forkyndelse virker på hjerterne: "Gud kan ved sit evangelium og ved sin Ånd frigøre denne trælbundne vilje til at tro ham gerne og glad. Dog kender Ny Testamente den gåde, at et menneske kan sige nej til Guds evangelium og Guds Ånd".

Prenter forklarer dette med, at gåden ligger i troens eget væsen. Troen er tillid til Gud. Men: "denne tillid er personlig og frivillig ellers er den ikke tillid".[13]

---

11 Samlede Skrifter XIII, s. 145

12 Ole Hallesby: "Utvelgelsen", Oslo 1932, s. 31-33

13 Regin Prenter: "Kirkens tro", København 965, s. 228-29

Der er således alt mulig grund til både at stå vagt om og glæde sig over, at vi i den lutherske kirke har en evangelisk udformet lære om nådevalget, der helt og fuldt fastholder bibelens tale om Guds altomfattende frelsesvilje.

En udvælgelse i Kristus, ved tro. – Hvor ingen på forhånd er udelukket fra Guds side.

Martin Luther

Guds frelsesvilje

Tekster af Luther

om Guds frelsesvilje
og menneskets personlige frihed

1 Mosebog 15, 6

Den første Luther-tekst er hentet fra Luthers store forelæsning over Første Mosebog fra 1535-45. Forelæsningen over kapitel 15 er fra først i 1538. Luthers kommentar til vers 6 bringes her i fuld længde.

I versene umiddelbart forud har Gud givet Abraham løfte om afkom. Dette løfte indeholder også forjættelsen om Kristus, hvad især Paulus udfolder i Gal 3.

Luther gør opmærksom på, at 1 Mos 15, 6 er det første vers i bibelen, hvor troen omtales.

Han benytter derfor lejligheden til at belyse den bibelske trosopfattelse. Det lykkes her, at give en utrolig præcis og klar beskrivelse af troens væsen. Hvad troen er. Hvorfor alene troen retfærdiggør. Ligeledes gerningernes rette plads og betydning. Dette tydeliggøres også ved at den reformatoriske trosforståelse afgrænses over for en række misopfattelser af troen.

Stykket handler ikke direkte om Guds frelsesvilje, men er taget med som et klassisk eksempel på Luthers retfærdiggørelseslære, der danner udgangspunktet for Luthers tale om Guds frelsesvilje.

Oversættelsen er foretaget fra den latinske originaltekst i WA 42, 561-67. Overskrifterne er ikke oprindelige.

1 Mos 15, 6: "Abraham troede Herren, og det blev regnet ham til retfærdighed".

Første gang troen nævnes i bibelen

Dette skriftsted har ingen udlagt bedre, grundigere, klarere og kraftigere end den hellige Paulus i Romerbrevet kapitel 3 til 12. Og han udlægger det sådan, at dette løfte om afkom ikke bør forstås blot om det retmæssige biologiske eller naturlige afkom, men om den åndelige og evige arving.

For Moses bruger en lignelse, ikke om jordiske eller naturlige ting, men om himmelske. Derfor er det et himmelsk løfte, ikke om kødelige børn, men om åndelige, eller, som Paulus kalder det, "løftets børn". Denne forståelse er klar ud fra Paulus.

Det at Moses tilføjer, "Abraham troede Gud", er *det første sted i Skriften, vi har om troen.* For det, som Moses tidligere har omtalt, kræver kun tro, men priser og anbefaler den ikke, sådan som det fortælles om kvindens sæd, befalingen om at bygge en ark, truslen om syndfloden, befalingen til Abraham om at forlade sit land, osv.

Alle sådanne løfter og trusler er trosord, der kræver tro, men de priser ikke troen, sådan som dette vers. Derfor er dette *en af de fornemste tekster i hele Skriften.*

Paulus har ikke alene udlagt den på det omhyggeligste, men også med stor flid rost den for menigheden, idet han tilføjer hertil: "Det blev ikke skrevet på grund af Abraham selv", som senere døde, "men for vor skyld, for at vi kan blive belært og bekræftet".

Dette er i sandhed at behandle Skriften apostolsk, og grundfæste dette *universelle udsagn,* for hvilket helvedes porte skælver og gør modstand, at *alle, der tror Guds ord, er retfærdige.*

For at jeg ikke ved min forelæsning skal formørke denne *allerbedste fortolker,* vil jeg her gøre det kort. *Læs Paulus,* og læs ham opmærksomt, så vil I se, at han fra dette sted opstiller *den fornemste artikel i vor tro,* utålelig for verden og Satan, at troen alene retfærdiggør, og at tro er, at *samstemme med det guddommelige løfte* og antage det for sandt.

Fra denne grundvold lærer Hebræerbrevets forfatter, at alle de helliges bedrifter er indesluttet i troen, og siger, at de har udrettet alt ved troen. "Uden tro er det umuligt at behage Gud", og når Gud lover noget, fordrer han at vi tror det, dvs., at vi anser det for sandt og pålideligt, så vi ikke tvivler på udfaldet af løftets indhold.

Kristus – løftets indhold

Hvis man imidlertid spørger, om Abraham ikke var retfærdig før dette tidspunkt, svarer jeg: Han var retfærdig, for han troede på Gud. Men Helligånden har her klart villet bevidne, at fordi løftet omhandler det åndelige afkom, at man da drager den rigtige slutning, at *de, der antager dette afkom, eller tror på Kristus, er retfærdige.*

Der var en udmærket tro i Abraham, da han drog ud fra sit fædreland og begyndte sin landflygtighed. Men ikke alle har befaling om at gøre det samme. Derfor tilføjes det ikke dér: "Abraham troede Gud, og det blev regnet ham til retfærdighed". Det tilføjes her, hvor det tales om det himmelske afkom, for at det skal stå fast for kirken til alle tider, at de, der med Abraham tror dette løfte, i sandhed er retfærdige.

Dette udsagn har Helligånden klart og tydeligt villet fremstille på det sted, hvor det især rettelig hører hjemme, at *retfærdighed intet andet er end at tro Guds løfter.*

Løftet er før loven

Her opstår mange drøftelser om lov og tro, om loven retfærdiggør, om troen afskaffer loven, osv.

Paulus beskæftiger sig her meget lærd med *omstændighederne omkring tidsforholdene.* I dette kapitel taler Moses om retfærdighed og den retfærdige Abraham eller retfærdiggørelsen, før loven, før lovgerninger, ja, før lovens folk, og førend Moses, lovgiveren, blev født. *Altså er retfærdigheden ikke alene ikke af loven, men den er før loven, og loven eller lovgerninger gør intet dertil.*

Hvad da, er loven ubrugelig til retfærdighed? Ja, fuldstændig. Men gør alene troen retfærdig uden gerninger? Ja, fuldstændig. Ellers må du forkaste Moses, som siger, at Abraham var retfærdig før loven og før lovgerninger, ikke fordi han ofrede sin søn, der endnu ikke var født, ikke fordi han gjorde denne eller hin gerning, men fordi han troede Gud, der gav sit løfte.

Her nævnes intet om en *forberedelse til nåden,* intet om *troens udformning ved kærligheden,* intet om en *forudgående beskaffenhed.* Men der siges, at Abraham var midt i sine synder, tvivl og angst, i sjælens største uro.

Frelsen modtages ved at høre Guds tilsagn

Hvordan erhvervede han da retfærdigheden? Alene på den måde, at *Gud taler, og Abraham tror Guds tale.* Dertil kommer Helligånden og bevidner at troen er sand, og bekræfter at netop det, at han tror eller *selve denne tro,* er retfærdigheden, som tilregnes af Gud til retfærdighed, og anses for retfærdighed.

Da de ord, som Gud taler, især angår det åndelige afkom, Kristus, så udfolder Paulus denne hemmelighed, og udtaler klart, at retfærdigheden fås ved troen på Kristus. Lad os derfor fastholde denne lære, så vi ikke tillader Satans og pavens raseri at rive os bort.

At Satan hader denne lære, ses af den kendsgerning, at han ikke alene dagligt på det fjendtligste bekæmper den gennem pavens tjenere og frækt håner og fordømmer den, men også de jødiske rabbinere viser deres tåbelighed og det had, de nærer mod Kristus.

De oversætter nemlig dette sted således: "Abraham troede på Gud, og tænkte retfærdigt om ham", dvs., Abraham troede Herren, og tænkte at Gud var retfærdig og ville give ham afkom, fordi han var retfærdig, altså fordi Gud så hen til Abrahams fortjeneste og hellighed.

Sådanne tanker er sandelig rabbinerne og Kristi fjender værdige. For på den måde fordrejer de hele meningen, og udelukker løftet og nåden, og opstiller den menneskelige retfærdighed, skønt Paulus ud fra dette sted på det kraftigste bekæmper denne opfattelse som falsk og ugudelig.

Retfærdiggørelse ved guddommelig tænkning og tilregning

Vi vil ikke strides længe om det hebraiske ord "hasjav", om det betyder *at tilregne eller at tænke,* da de dækker samme sag. For når den guddommelige majestæt tænker om mig at jeg er retfærdig, at mine synder er forladt, at jeg er befriet fra den evige død, og jeg med taknemmelighed i troen griber om disse Guds tanker om mig, *så er jeg i sandhed retfærdig,* ikke ved mine gerninger, men ved troen, der griber om denne guddommelige tænkning.

For Guds tanker er den ufejlbare sandhed. Når jeg derfor griber dem med en fast tanke, ikke en usikker formodning eller tvivl, er jeg retfærdig.

For troen er en fast tanke eller *tillid til Gud* om, at han ved Kristus er forsonet, at han ved Kristus tænker fredstanker om os, ikke på straf eller vrede. For disse *hører sammen,* Guds tanke eller *løfte og troen,* der griber Guds løfte.

Paulus oversætter altså korrekt det hebraiske "hasjav" til det græske "logizesthai", der hentyder både til at tænke, ligesom det også er et ord, der bruges om tilregning. For *når du tror Gud, der giver løfter, så regner Gud dig retfærdig.*

Her nævnes hverken loven, eller omskærelsen eller ofrene, som grunden til at Gud vil anse dem værdige til retfærdighed. Alene hans tilregning, alene den nåde, at han gør sig disse tanker om os.

For *retfærdigheden skænkes* Abraham, ikke fordi han gør gerninger, men fordi han tror. Og den skænkes *ikke til troen som vor gerning,* men på grund af Guds tanker, som troen griber.

Det er altså som en del af vor troslære, at Paulus behandler ordet "regne". "Den, som har gerninger at opvise", siger han, "ham tilregnes lønnen ikke af nåde, men efter fortjeneste; anderledes med den, som ikke har gerninger at opvise, men tror på Ham, som retfærdiggør den ugudelige, ham regnes hans tro til retfærdighed". (Rom 4, 4-5). Og lidt før: "Af lovgerninger bliver ingen retfærdiggjort". (Rom 3, 20).

Det er kendt, hvad lovgerninger er: De højeste og bedste dyder. De udretter altså intet til retfærdighed.

Intet, uden alene barmhjertigheden gælder, siger Paulus, og forkaster således alle vore dyder.

De gode gerningers plads og betydning

For skønt Gud kræver vore gode gerninger og ikke vil, at vi følger kødets begæringer, men alvorligt befaler, at vi ikke alene tøjler dem, men fuldstændig udrydder dem, så kan de dog *ikke hjælpe os for Guds domstol*. For de er forurenet og besmittet af det onde begær. Hvis altså ikke Gud ser bort fra vore synder, ja, også fra vor retfærdighed og gode gerninger, og regner os retfærdige på grund af troen, der griber Sønnen, så er det til anklage og dom for os. Alene barmhjertigheden, *alene tilregningen, frelser os*.

Her er altså vor lære grundfæstet, at vi retfærdiggøres for Gud ved tilregning på grund af Guds barmhjertighed.

Fra denne kilde øser Paulus sin lære i Romerbrevet og Galaterbrevet, hvor han tilskriver retfærdigheden til troen, og ikke til gerningerne eller loven.

Vildledende trosopfattelse

Men se hvor skødesløst, søvnigt og blindt også Lyra (katolsk bibelfortolker) førhen har fordrejet dette sted med sin fortolkning.

For han siger, at det rettelig er *den ved kærligheden formede tro,* der retfærdiggør sjælen. Han anser altså den tro, der ikke er formet ved kærligheden, for en *nøgen tro,* som han forkaster. Hvad andet er det end at sige, at Gud *forbigår troen og ser på kærligheden og gerningerne.*

Men hvordan stemmer det med Moses og Paulus? For hvis troen formes ved kærligheden, er det jo først og fremmest gerningerne, Gud agter. Men hvis det er gerningerne, er det jo os selv. *Så bliver kærligheden eller gerningerne de levende farver. Troen blot en skitse, en ubearbejdet og rå ting.*

Sådanne upassende tanker fødes af ukendskab til de hellige sager, så man *sammenblander lov og løfte,* tro og gerninger, som man på det tydeligste bør skelne imellem.

Troens væsen og gerningernes opgave

Løftet er lærens første og fornemste del, hvor til troen tilslutter sig, eller for at sige det tydeligere, som troen griber. *At gribe det sikre løfte kaldes tro,* og retfærdiggør, ikke som vor gerning, men som Guds gerning. For *løftet er en gave, en guddommelig tanke, hvor Gud giver os noget.* Ikke en af vore gerninger, som om vi gjorde eller gav Gud noget, men vi modtager noget fra Gud, og det alene ved hans barmhjertighed.

Den, der altså tror løftets Gud, og anser ham for sanddru og for at være trofast, når han lover noget, han er retfærdig eller regnes retfærdig.

Derefter kommer så også loven. For Gud giver ikke alene løfter, han byder og befaler også. Og det hører til loven, at man tilpasser sin vilje efter den og adlyder og udretter, hvad Gud befaler.

Må man ikke sige, at det er et besynderlig fordrejet synspunkt, at anse løfte og lov for at være ens? Men når der nu *bør skelnes* mellem dem, da *alene troen omfavner løftet* og *gerningerne tjener loven,* er det så ikke tåbeligt, at opdigte en uformet tro og lære, at troen kun retfærdiggør, når den er formet af kærligheden? *Hvorfor lader man ikke begge dele forblive inden for sine egne grænser?*

Sandelig, troen er intet andet, og kan ikke være det, end at give løftet sit bifald. Og da dette bifald regnes til retfærdighed, hvordan kan så disse tåbelige paveteologer tilføje kærlighed, håb og andre dyder.

Jeg ved vel, at dette er Guds herlige gaver og guddommelige befalinger, som Helligånden *fremkalder og forøger* i os. Jeg ved, at troen ikke eksisterer uden disse gaver, men her er *spørgsmålet, hvad der er enhvers særart.* Ligesom hvis du i hånden har forskellige frøsorter, og jeg ikke spørger om, hvilke forskellige sorter der er, men hvad der er hver enkelt sorts egenart.

Her siger jeg klart, hvad alene troen udretter, ikke hvilke dyder den er forbundet med. Alene troen omfavner løftet, tror løftets Gud og *rækker hånden ud og griber det, som Gud rækker.* Denne egenskab er alene troens gerning. *Kærlighed, håb, tålmodighed har deres genstande*, som de omgås, har andre grænser, inden for hvilke de hører til. For de omfavner ikke løftet, men udfører befalinger. De hører Gud, når han byder og befaler, men de hører ikke Gud, når han giver løfter, det gør troen.

Skriftens vidnesbyrd er her klar og ubetvivlelig, at troen tilregnes retfærdighed, dvs., at den gudstroende Abraham af Gud regnes retfærdig. Denne erklæring giver Skriften ikke gerningerne.

Således bør vi dømme ud fra denne kilde, ikke ud fra paveteologernes tåbelige meninger, som tænker således: "Se, det er ikke nok, at du tror, du må også gøre gode gerninger". Som om vi skulle lære, at Gud alene giver løfter og ikke også giver loven, og pålægger os visse opgaver.

Men når Gud giver løfter, så er det Gud selv, der udfører noget mod os, skænker og giver os noget. Når han derimod ved loven befaler, så forlanger han noget af os og vil, at vi gør noget.

Derfor bør man fastholde denne forskel, at troen, der omgås med løftets Gud og modtager hans løfter, den alene retfærdiggør.

Men kærligheden omgås med Gud, når han byder og befaler, og udfører hans befalinger og adlyder Gud. Ligesom der bør skelnes mellem løfte og lov, således også mellem tro og kærlighed, og mellem troens og kærlighedens definitioner, og det skadelige udtryk om troen, der er formet af kærligheden, bør forkastes, da det tilskriver kærligheden alt og fraskriver troen alt.

Ingen frelse ved loven

Man bør rette opmærksomheden på den hellige Skrift, der rigeligt bevidner, at *ingen kan opfylde loven*. Loven kræver, at du skal elske Gud af hele dit hjerte, og din næste som dig selv. Men hvem, spørger jeg, gør dette? For *endog de helliges kærlighed er ufuldkommen* og forstyrres ofte af frygt, ofte af mistillid, ofte af utålmodighed i modgang. Hvordan ser det da ud med den af kærligheden formede tro? Hvis Gud ikke vil anse dig for retfærdig, hvis ikke du har elsket ham af hele hjertet og opfyldt loven, bliver du aldrig retfærdiggjort.

Lær altså at retfærdigheden ikke bør tillægges din kærlighed, dine gerninger eller din fortjeneste. For disse er altid besmittede, ufuldkomne og forurenede, hvorfor der kræves, at man bekender deres uværdighed og i ydmyghed beder om nåde, og alene ser hen til barmhjertigheden, alene til løftet om Kristus, som troen modtager, og ved dette forsvarer sig mod samvittigheden for Guds domstol.

Dette er sund og sand lære. Derimod er paveteologernes lære om den uformede og den formede tro af djævelen, og udsletter troens lære og indhyller os i muhamedanernes og jødernes vildfarelser. Derfor bør de skyes som helvedes gift.

Troen frembringer de sande gode gerninger

Vi ved ganske vist, at *troen aldrig er alene,* men sammen med sig bringer kærligheden og mange andre gaver. For den, der tror på Gud og er vis på, at han er nådig mod os, da han har givet os sin Søn og med Sønnen det evige livs håb, hvorledes kan han andet end at være ivrig efter at vise sin taknemmelighed for sådanne velgerninger? Hvorledes kan han andet end vise Gud lydighed ved tålmodighed i modgang?

Således fører troen med sig et hav af de smukkeste dyder og er aldrig nogensinde alene. Men derfor skal man ikke sammenblande tingene, og tilskrive det, der er troens egenart til andre dyder.

Troen er ligesom en moder, af hvem disse dyder fødes. Hvis troen ikke først er til stede, vil du forgæves søge disse. Hvis troen ikke har omfattet løftet om Kristus, er kærligheden og andre dyder ikke til stede, selvom også hyklerne for en tid kan opvise en efterligning af dem.

Løftet står fast

Løfte og lov bør altså adskilles. Løftet fordrer tro, loven gerninger. *Løftet er vist og fast og opfyldes med sikkerhed, da Gud er den handlende.* Loven opfyldes ikke, fordi vi, der skal udføre den, er mennesker, dvs., svage syndere.

Vor retfærdighed grunder sig altså ikke på lov og gerninger, da vi ikke kan opfylde loven fuldkomment, men på løftet, der er fast og urokkeligt. Da troen altså griber løftet, virkeliggøres og opfyldes det med sikkerhed, og dermed følger som en ufejlbar følgeslutning, at fordi alene troen omfatter løftet, så er det alene troen, der retfærdiggør.

Lov og gerninger retfærdiggør ikke, og dog bør de læres, og gerningerne bør læres og gøres, så vi forstår vor elendighed og desto ivrigere omfavner nåden.

Denne teologi er ikke, som de spottende papister råber, født af os eller udtænkt og opfundet af os. Doktor Paulus har overleveret den og citerer sit vidne Moses, der siger, at Abraham troede Gud, og det blev regnet ham til retfærdighed, dvs., Abraham blev regnet retfærdig på grund af Guds barmhjertighed, da han troede løftet.

Endvidere indeslutter alle Guds løfter Kristus, uden hvem Gud intet har med os at bestille.

Forskellen på Abrahams tro og vores er altså ingen anden, end at *Abraham troede på den Kristus, der skulle komme, vi på ham, der nu er kommet,* og denne tro retfærdiggør alle.

Vejledning i at læse Den Trælbundne Vilje

Fra Genesis-kommentaren

Følgende stykke er også fra Luthers store kommentar til Første Mosebog.

Vi befinder os i perioden 1540-42, hvor Luther i sine forelæsninger er nået frem til 1 Mos 26, 9.

Vi får her Luthers egen vejledning i, hvordan hans bog "Om den trælbundne vilje" skal læses og forstås. Især de vanskelige udsagn om den skjulte Gud.

Luther advarer mod spekulationer omkring forudbestemmelsen, der går ud over, hvad der er åbenbaret i ordet og sakramenterne. Sådanne spekulationer er både umulige og farlige.

Luther præciserer her den fulde overensstemmelse og identitet mellem den skjulte og den åbenbarede Gud. Ganske vist er der ting, Gud ikke har givet til kende og som derfor er skjulte, men intet af dette er i *modstrid* med det, han har åbenbaret for os.

Inkarnationen og forsoningen er *fuldt dækkende* udtryk for Guds vilje. Kristi frelsergerning og budskabet derom, er den fulde og sande åbenbaring af Guds tanker med os.

Oversættelsen er foretaget fra den latinske originaltekst i WA 43, 457-63. Overskrifterne er ikke oprindelige.

1 Mosebog 26, 9

Religiøs ligegyldighed

Ud fra denne tekst vil jeg gerne benytte lejligheden til at tale om tvivlen, Gud og Guds vilje.

Jeg hører nemlig, at der rundt omkring blandt adelen og de fornemme udspredes ugudelige ord om forudbestemmelsen eller Guds forudviden. De siger: "Hvis jeg er forudbestemt, bliver jeg frelst, hvad enten jeg gør godt eller ondt. Hvis jeg ikke er forudbestemt, bliver jeg fordømt, uden hensyn til at jeg flittigt anstrenger mig."

Mod sådanne upassende meninger vil jeg gerne tale meget, hvis jeg kan på grund af mit skrøbelige helbred. For hvis disse ord er sande, som det jo synes, *så ophæver de totalt betydningen af at Guds Søn blev menneske,* led og opstod, og alt, hvad han gjorde til verdens frelse. Hvad nyttede da profeterne og hele den hellige skrift? Hvad gavnede sakramenterne? Sådan forkaster og nedtramper man alt.

Dette er et djævelsk og giftigt påfund, og selve arvesynden, hvormed Djævelen forførte vore første forældre, da han sagde: "I skal blive som Gud". For de lod sig ikke nøje med den åbenbarede guddom, hvis erkendelse er salig, men ville trænge ind i guddommens dybder. De tænkte nemlig, at der måtte være en eller anden *hemmelig grund* til at Gud havde forbudt dem at spise af frugten på træet, der stod midt i Paradiset. Den ville de vide.

Skæbnetro

Af samme grund siger også disse i dag: "Det, som Gud har fastsat, må nødvendigvis ske. Altså er al bekymring om religion og sjælens frelse nytteløs og usikker."

Men hemmeligheden er ikke for dig, så du skal bedømme, hvad der er *uudforskelig.* Hvorfor tvivler du og forkaster den tro, Gud har åbenbaret dig? I hvilken hensigt sendte Gud da sin Søn, for at lide og blive korsfæstet for os? Til hvilken nytte er sakramenterne indstiftet, hvis de er usikre og helt virkningsløse til vor frelse? *Hvis jeg nemlig bliver frelst uden hensyn til Sønnen og sakramenterne, blot jeg er forudbestemt.* Så var Gud, ifølge disse gudsbespottere, en forfærdelig tåbe, at han sendte Sønnen, lod lov og evangelium prædike, sendte apostlene, hvis han alligevel ville, at vi skulle være usikre og tvivle, om vi blev frelst eller fordømt.

Men dette er *Djævelens bedrag,* der forsøger at bringe os i tvivl og vantro, skønt *Kristus kom til verden for at gøre os helt visse.* For af sådanne meninger må nødvendigvis følge enten fortvivlelse eller foragt for Gud, den hellige bibel, dåben og alle guddommelige velgerninger, ved hvilke han ønsker at grundfæste os mod usikkerhed og tvivl. For de siger med epikuræerne: "Lad os leve, æde, drikke, i morgen dør vi". Med muhamedanerne styrter de sig blindt i døden, i ild og sværd, da de mener, at det forud er fastsat, om de skal omkomme eller undslippe.

Om "Den Trælbundne Vilje"

Mod disse tanker skal man sætte den sande og sikre erkendelse af Kristus. Ligesom jeg ofte har mindet om, at det især er nyttigt og nødvendigt, at Guds erkendelse er helt vis i os, så vi med fast sind holder fast ved den grebne sandhed. Ellers er vor tro forgæves. For hvis Gud ikke fastholder sine løfter, så er det ude med vor frelse. Modsat er det vor trøst, at om også vi forandres, så har vi dog en tilflugt hos ham, der ikke forandres. Således fastslår han i Mal 3, 6: "Jeg, HERREN, er ikke blevet en anden." Og i Rom 11, 29: "Sine nådegaver og sit kald fortryder Gud ikke."

Således har jeg lært i mit svarskrift *"Om den trælbundne vilje"* og andre steder, at man må skelne, når man behandler vor viden om Gud, eller snarere, når vi har Gud som genstand. For man må enten tale om *den skjulte Gud* eller *den åbenbarede Gud.* Om Gud for så vidt som han er ikke er åbenbaret, er der ingen tro, ingen viden, ingen erkendelse. Dér skal man rette sig efter de ord, der siger: "Det, der er over os, angår os ikke."

For sådanne tanker, der søger at udforske noget højere, der går højere og ud over Guds åbenbaring, er fuldstændig djævelsk og udretter intet andet end at nedstyrte os i selve undergangen, fordi *man undersøger en uudforskelig genstand*, nemlig den ikke-åbenbarede Gud. Lad derfor hellere Gud beholde sine beslutninger og hemmeligheder i det skjulte. Der er ingen grund til at vi så ivrigt anstrenger os for at få dem afsløret.

Syndig nysgerrighed

Moses søgte også at få Guds ansigt at se. Men Herren svarede: "Bagfra vil jeg vise mig for dig, men mit åsyn kan du ikke skue." Denne nysgerrighed er nemlig *selve arvesynden*, der tilskynder os til *at søge en vej til Gud gennem naturlige spekulationer.* Men det er en stor synd, og et nytteløst og forgæves forsøg. For således siger Kristus i Joh 14, 6: "Ingen kommer til Faderen uden ved mig." Derfor, så vidt du nærmer dig den ikke-åbenbarede Gud, så er der ingen tro, intet ord og ingen erkendelse, fordi det er en usynlig Gud, hvem du ikke kan gøre synlig.

Desuden har Gud på det alvorligste forbudt denne tragten efter guddommen. Således svarer Kristus apostlene i ApG 1 da de spørger: "Er tiden nu kommet, da du vil genoprette Riget?" "Det tilkommer ikke jer at kende tider eller timer". Lad mig forblive skjult dér, hvor jeg ikke har åbenbaret mig for dig. Ellers bliver du årsag til din egen undergang. Ligesom Adam på det grueligste faldt, fordi den, der ransager Majestæten, overvældes af herligheden.

Fuld overensstemmelse mellem den skjulte og den åbenbarede Gud

Fra begyndelsen har Gud straks villet imødekomme denne nysgerrighed. For således har han fremsat sin vilje og sit råd: Jeg vil herligt kundgøre dig min forudvidenhed og forudbestemmelse, men ikke på fornuftens og den kødelige visdoms vej, således som du forestiller dig. Således vil jeg gøre: Fra en ikke-åbenbaret Gud vil jeg blive en åbenbaret, *og dog forblive den samme Gud.* Jeg vil blive menneske eller sende min Søn, som skal dø for dine synder og opstå fra døden. Således vil jeg opfylde dit ønske, så du kan vide, om du er forudbestemt eller ej. "Denne er min Søn. Hør ham!" Betragt ham, der ligger i krybben, i moders skød, lidende på korset. Se, hvad han gør, hvad han taler. Dér kan du med sikkerhed gribe mig. "For den, der ser mig", siger Kristus, "han ser Faderen selv". Hvis du hører ham, og bliver døbt i hans navn og bevarer hans ord, så er du med vished forudbestemt og sikker med hensyn til din frelse. Men hvis du spotter og foragter hans ord, er du fordømt. For den, der ikke tror, fordømmes.

Andre tanker, og fornuftens og kødets vej, skal dødes, for Gud afskyr dem. Dette ene skal du gøre, at du betragter Sønnen og i dit hjerte stiller dig tilfreds med Kristus, der fødes, gør undergerninger og korsfæstes. For *dér er livets bog, i hvilken du står skrevet.* Det er det eneste og sikreste middel mod denne forfærdelige sygdom, at mennesket bliver ved med at stille spørgsmål i deres udforskning af Gud og til sidst falder i fortvivlelse eller foragt. Hvis du ønsker at undfly fortvivlelse, had og bespottelse af Gud, så *undlad spekulationerne om den skjulte Gud* og stands de forgæves anstrengelser på at få Guds åsyn at se. Ellers bliver du for evigt hængende i vantro og anklage, og går fortabt. For den, der tvivler, tror ikke, og den, der ikke tror, fordømmes.

Hjælp i tvivlen

Således bør vi afsky og fordrive disse ugudelige ord, som epikuræerne udspreder: "Hvis alt sker med nødvendighed, så sker det således". Men Gud er ikke nedsteget fra himmelen, for at gøre dig uvis om forudbestemmelsen eller lærer dig at foragte sakramenterne, absolutionen og Guds andre ordninger. Nej, han indstiftede dem, for at gøre os helt visse og fjerne tvivlens sygdom af dit sind, så du ikke alene skal tro med hjertet, men endog se med legemets øjne og røre med hænderne. Hvorfor forkaster du da dette og klager over, at du ikke kan vide, om du er forudbestemt? Du har evangeliet, er døbt, har absolutionen, du er en kristen, og dog tvivler du og siger, at du ikke ved om du tror eller ej, om du holder for sandt, hvad der prædikes om Kristus i ord og sakramenter.

Men jeg kan ikke tro, siger du. Således plages mange i en sådan prøvelse, og jeg husker, at en kvinde kom til mig i Torgau og med tårer klagede over, at hun ikke kunne tro. Da gennemgik jeg trosbekendelsen med hende, og ved hver enkelt led spurgte jeg, om hun anså dette for sandt og for at være sket således eller ej. Hun svarede da: "Hver eneste sætning er sand, men jeg kan ikke tro". Dette er et satanisk bedrag. Derfor sagde jeg, at hvis hun holdt alt dette for sandt, så var der ingen grund til at klage over sin vantro. For *hvis du ikke tvivler på, at Guds Søn er død for dig, så tror du visselig.* For at tro er intet andet end at anse dette for den visse og ubetvivlelige sandhed.

Kristus - Guds sande åbenbaring

Gud siger til dig: Se, her har du min Søn, hør ham og modtag ham. Hvis du gør det, er du allerede vis med hensyn til din tro og frelse. Men jeg ved ikke om jeg forbliver i troen, siger du. *Antag alligevel den nærværende forjættelse og udvælgelse,* og udforsk ikke nysgerrigt Guds hemmelige rådslutning. Hvis du tror den åbenbarede Gud og antager hans ord, så vil han også lidt efter lidt åbenbare den skjulte Gud. For "den, der ser mig, ser også Faderen", Joh 14, 9. Den, der forkaster Sønnen, mister også med den åbenbarede Gud tillige den ikke-åbenbarede. Men hvis du med en fast tro hænger ved den åbenbarede Gud, således at du i dit hjerte har sat dig for ikke at slippe Kristus, selv om du skulle miste alt, da er du helt sikker forudbestemt, og skal forstå den skjulte Gud. *Ja, du forstår ham allerede nu.* Hvis du erkender Sønnen og hans vilje, at han ønsker at åbenbare sig for dig og være din herre og frelser, så kan du også være vis på at Gud er din herre og far.

Forudbestemmelsen åbenbares gennem nåde-midlerne

Se, hvor venligt og nådigt Gud befrier dig fra denne forfærdelige anfægtelse, som Satan på mange måder driver på med, for at gøre os tvivlende og usikre, så han endog gør os helt fjendske over for Ordet. For hvorfor skulle man hører evangeliet, hvis alt kommer an på forudbestemmelsen, spørger de. Således berøver man os *forudbestemmelsen, som er forsikret os gennem Guds Søn og sakramenterne,* og gør os usikre dér, hvor vi skulle være helt sikre. Er det ængstede samvittigheder der angribes med denne anfægtelse, dør de i fortvivlelse. Således som det næsten var hændt mig, hvis ikke Staupitz havde befriet mig i min nød. Er de derimod foragtere, bliver de, de værste epikuræere. Derfor skal vi flittigt indprente os disse udsagn i vort sind: Joh 6, 44: "Ingen kommer til mig, hvis ikke Faderen drager ham". Ved hvem? Ved mig. "Den, der ser Faderen, ser mig". Og til Moses: "Du kan ikke skue mit åsyn, thi intet menneske kan se mig og leve". Ligeledes: "Det tilkommer ikke jer at kende tider eller timer, som Faderen har fastsat af egen magt". Gå I og udret, hvad jeg har befalet. Ligeledes: "Spørg ikke efter det, der er dig for højt, og undersøg ikke det, der er dig for vanskeligt. Hvad Gud har befalet dig, det skal du altid lægge dig på sinde, uden at være optaget af andre ting". Hør Sønnen, der påtog sig menneskenatur, og forudbestemmelsen vil vise sig af sig selv.

Staupitz trøstede mig med disse ord: "Hvorfor plager du dig med disse spekulationer? *Betragt Kristi sår og blod, som blev udgydt for dig. Dér fremstråler forudbestemmelsen*". Altså bør man hører Guds Søn, der blev sendt i kød og blev åbenbar, for at tilintetgøre denne djævelske gerning og gøre os helt visse med hensyn til forudbestemmelsen. Derfor siger han til dig: "Du er mit får, for du hører min røst". "Ingen kan rive dig ud af min hånd".

Farlige spekulationer

Mange, der ikke på denne måde har bekæmpet denne anfægtelse, er endt i fortvivlelse. Derfor bør de frommes sind omhyggeligt grundfæstes. Således advarer en eneboer i bogen "Vitæ Patrum" sine tilhørere mod disse spekulationer. "Hvis du ser en, sætte sin fod inden for i himlen", siger han, "så hiv ham tilbage". Således plejer nyomvendte nemlig at forestille sig Gud anderledes end Kristus. Det er dem, der forsøger at stige til himmels og plante begge ben dér, men pludselig nedstyrter de til helvede. De fromme skal derfor tage sig i agt og kun være optaget af dette ene, at lære at klynge sig til barnet og Sønnen, Jesus, der er din Gud, der for dig blev menneske. Kend og hør ham, glæd dig over ham og sig tak. *Hvis du har ham, har du også den skjulte Gud tillige med den åbenbarede.* Han er den eneste vej, sandhed og liv, uden hvilken du ikke vil finde andet end ødelæggelse og død.

Vort våben

Netop derfor åbenbarede han sig i kød, for at udfri os af døden, kødet og Djævelens magt. Af en sådan erkendelse kan der ikke andet end at fremvokse stor glæde og fryd over, at Gud er uforanderlig og virker med uforanderlig nødvendighed, at han ikke kan fornægte sig selv, men holder sine løfter. Det er os altså ikke tilladt at omgås sådanne tanker eller tvivle om forudbestemmelsen, men det er ugudeligt, ondt og djævelsk. Når Djævelen derfor anfægter dig med dette, så sig: "Jeg tror på vor Herre Jesus Kristus, om hvem jeg ikke tvivler, at han blev menneske, led og døde for mig. Til hans død er jeg døbt". Ved dette svar forsvinder anfægtelsen og Satan vender dig ryggen.

Således har jeg ofte fortalt det mindeværdige eksempel med nonnen, der led under sådanne anfægtelser. For også i pavedømmet var der mange fromme, der oplevede disse åndelige anfægtelser, som i sandhed er sataniske og fordømmelige tanker. For der er ingen forskel på en, der tvivler, og en fordømt. Når nonnen derfor følte sig angrebet med Satans gloende pile, sagde hun intet andet end: "jeg er en kristen".

Således bør også vi gøre, undgå al diskussion og sige: "jeg er en kristen", dvs. Guds Søn er blevet menneske og er født for at forløse mig, og han sidder ved Faderens højre hånd og er min frelser. Driv således Satan tilbage med så få ord som muligt: "Vig bag mig Satan. Bring mig ikke i tvivl. Guds Søn kom til verden for at ødelægge dine gerninger og anfægtelser". Da ophører anfægtelsen og vi får atter fred, ro og kærlighed til Gud.

Gud er sanddru

Derimod er det ikke synd at tvivle om en eller anden persons hensigt. Ligesom Isak tvivlede på, om han ville overleve og finde en venlig vært. Om et menneske kan jeg tvivle. Ja, jeg bør tvivle, da det ikke er min frelser. For der står skrevet: "Sæt ikke jeres lid til fyrster". Mennesket er en løgner og bedrager, men over for Gud skal man ikke forholde sig tvivlende. Han hverken vil eller kan forandre sig eller lyve. Den højeste gudsdyrkelse, som han kræver, er at du holder ham for sanddru. Derfor har han givet dig de sikreste beviser på sin troværdighed og sanddruhed. Han har givet Sønnen som menneske til døden, indstiftet sakramenterne, for at du skulle vide, at han ikke er bedragerisk, men sanddru. Heller ikke bekræfter han det med blot åndelige argumenter, men med håndgribelige. Jeg ser vand, brød og vin; jeg ser præsten, hvilket alt sammen er legemlige ting, i hvilke naturlige skikkelser han åbenbarer sig. I dit forhold til andre mennesker bør du tvivle på, hvem du skal tro og hvilket sindelag de har over for dig. Men om Gud bør du med vished og uden tvivl mene, at han er dig nådig på grund af Kristus og har forløst og helliget dig med sin Søns blod. Således kan du blive sikker med hensyn til din forudbestemmelse, idet alle nysgerrige og farlige spørgsmål om Guds hemmelige råd er fjernet, til hvilke Satan forsøger at drive os ligesom han gjorde med vore første forældre.

Hvor stor ville ikke deres lykke have været, hvis de omhyggeligt havde haft Guds ord for øje, og havde spist af alle andre træer på nær det, som Gud havde forbudt dem at spise af. Men de ville udforske, hvorfor Gud havde forbudt dem at bruge frugten på dette ene træ. Der til kom den onde lærer Satan, der forøgede og befordrede denne nysgerrighed.

Den rette forståelse af talen om den skjulte Gud

Således åbenbarer Gud os sin vilje ved Kristus og evangeliet. Men det ringeagter vi, og i lighed med Adams eksempel har vi behag i det forbudte træ frem for andre. Denne fejl er blevet indpodet i vor natur. Da paradiset og himmelen er blevet lukket, og englen sat dér, som vogter, er det imidlertid forgæves, vi søger at trænge derind. For Kristus har i sandhed sagt: "Ingen har nogen sinde set Gud". Og dog har Gud i sin uendelige godhed åbenbaret sig for os, for at tilfredsstille vort ønske, og har vist os et synligt billede: Se, du har min Søn. *Den, der hører Ham og bliver døbt, han er indskrevet i Livets bog.* Dette åbenbarer jeg ved Sønnen, hvem du kan berøre med hænderne og skue med øjnene.

Dette har jeg indtrængende og omhyggeligt ønsket at påminde om og give videre. For efter min død vil mange fremføre mine bøger og der i bevise alle slags fejl og deres afsindige påfund. Jeg har blandt andet skrevet, at alt sker med uforanderlig nødvendighed, men samtidig tilføjet, at man skal se hen til den åbenbarede Gud, sådan som vi synger i salmen: "Er heist Jesu Christ, der HERR Zebaoth, und ist kein ander Gott". Jesus Kristus er Herren Zebaot, og der er ikke anden Gud. Og mange andre steder. Men *alle disse steder vil de gå hen over, og kun fremdrage det, der handler om den skjulte Gud.* I altså, som nu hører mig, husk på, at jeg har lært dette, at man *ikke skal forske i den skjulte Guds forudbestemmelse, men være tilfreds med, hvad der er åbenbaret ved forkyndelsen og ordets tjeneste.* For dér kan du få vished om din tro og frelse, og sige: Jeg tror på Guds Søn, som sagde: "Den, der tror på Sønnen, har evigt liv". Altså er der i Ham ingen fordømmelse og vrede, men Gud Faders velbehag. Det samme har jeg også bevidnet andre steder i mine bøger, og nu også videregivet mundtligt. Derfor er jeg undskyldt!

Johannes 14, 10

Følgende stykke er hentet fra Luthers kommentar til Joh 14-16 fra 1538.

Denne bog får af Luther selv den vel nok bedste anbefaling, han har givet nogen af sine bøger. Han siger i 1542, at det er *den bedste bog, han nogensinde har lavet* (se f.eks. Erlanger udg. 49, 1 eller Walch[2] 8, 265). Luthers bordfælle Johann Mathesius fortæller i sin bog "Dr. Martin Luthers liv" (Kbh. 1844, bd.2, 13), at Luther ofte tog denne Johannes-kommentar med sig og læste i den.

Vi møder her det samme tema som i 1 Mos 26, 9, nemlig forudbestemmelsen. Og ligesom dér understreges der her den stærke overensstemmelse mellem Faderen og Kristus.

Hvor Luther i 1525 i sin bog "Om den trælbundne vilje" har enkelte ytringer om den skjulte Gud og den åbenbarede Gud, der kunne misforstås som var der to modsatrettede viljer i Gud, fremhæver Luther her i sin bog fra 1538 gang på gang den *fulde overensstemmelse*. Således i kommentaren til Joh 14, 24: "Der gives hverken noget andet Guds ord til mig eller om mig i himlen, end det Kristus taler med mig."

Sådan som vi i bibelen læser, at Kristi vilje og sindelag er imod os, sådan er i sandhed også Guds bestemmelse og vilje med os. Faderen har "ét hjerte og én vilje tilfælles med Kristus" (til Joh 14, 16).

Oversættelsen er foretaget fra den tyske originaltekst i WA 45, 519-27. Overskrifterne er ikke oprindelige.

Joh 14, 10: Tror du ikke, at jeg er i Faderen, og Faderen er i mig? De ord, jeg siger til jer, taler jeg ikke af mig selv; men Faderen, som bliver i mig, gør sine gerninger.

Kun i Kristus møder vi Gud

Disse ord er alle talte i den hensigt, at indprente og indøve denne hovedartikel, at når det gælder vort forhold til Gud og hans vilje med os, at vi da lærer alene at beskæftige os med dette ene, nemlig at vi har Jesus Kristus for øje. Her må vi lukke øjne og hjerte for alt, hvad der bliver lært og prædiket, endog i moseloven, endsige da ud fra menneskelig fornuft og tanker, og ikke lade os anfægte eller fare vild, hvad enten vi har handlet og levet ondt eller godt, helligt eller syndigt. Dette er den kunst, som både Johannes som en ægte evangelist, og Paulus mere end nogen andre, lærer: på det stærkeste at sammenføje og sammenbinde Kristus og Faderen, så vi *lærer, ingen tanker at gøre os om Gud uden om Kristus.* Straks vi hører Guds navn nævnt, eller der bliver talt om hans vilje, gerninger, nåde eller unåde, må vi lærer, *ikke at dømme efter vores egne følelser eller menneskers klogskab, ja, end ikke efter loven*, men alene at skjule og gemme os i denne Kristus. Vi skal ikke se eller hører andet end, hvordan han viser sig for os som et lille barn i sin moders arme og skød; ligeledes når han, som den trofaste frelser, barmhjertigt udgyder sit blod for os på korset; ligeledes hvordan han atter opstår, og træder Djævelen, helvede og døden under fode. Alt dette forkynder og skænker han dig selv og ved sine apostle, så at han tilstrækkeligt har vist, at han ingen vrede eller unåde nærer mod dig, men gør alt, hvad han skal og kan, dig til hjælp og trøst, blot du vil tro det og tage imod det.

Filip irettesættes

Ja, siger du, det ser og hører jeg vel, men hvem ved, om også Gud har dette sindelag mod mig? Svar: Vogt dig for denne tankegang! Det er nemlig at dele og adskille Kristus og Gud. Ligesom Filip her gør, idet han lader Kristus fare, og leder efter Gud oppe i himlen. Han tænker: Jeg hører ganske vist Kristus tale med mig, men hvordan ved jeg, hvad Faderen i himlen tænker om mig og har besluttet? Hvad er det andet end en vantro og skjult fornægtelse af Gud? Derfor må Kristus også irettesætte ham, og rive ham ud af denne vildfarelse, idet han siger: Filip, hvad skal det betyde, at du adskiller Faderen og mig, og med dine tanker klatrer op i skyerne og lader mig tale forgæves med dig? Hører du ikke, hvad jeg siger? Den, der ser mig, ser Faderen selv. Tror du ikke, at Faderen er i mig, og jeg i Faderen? De ord, jeg taler, er ikke mine ord, men Faderens ord. Dette er venlige, men samtidig alvorlige ord fra Herren. Han vil ikke, at man forgæves og uvist skal stirre her og der, men vil have os helt og aldeles bundet til sig og sit ord, så vi ikke søger Gud andre steder end i Ham.

Således har også forhen eneboeren Antonius rådet sine ordensbrødre, når en ny uerfaren hellig ville være klog og i egne tanker udgrunde Guds hemmelige råd. Hvis de så en klatrer til himmels og sætte sin ene fod derop, skulle de straks rive ham væk, inden han fik den anden fod med, og så måtte styrte på hovedet ned. Dette er godt talt mod sådanne flagrende ånder, der gerne vil spekulere om høje ting. De ville gerne bore hul i himlen, for at se alt, hvad Gud selv er og gør. *Imens lader de Kristus farer, som om de ingen behov havde for ham.*

Ingen adskillelse mellem Sønnen og Faderen

Vogt dig derfor for sådanne tanker, der farer frem uden Guds ord, og deler og adskiller Kristus og Gud. Han har ikke befalet dig at farer op og glo efter, hvad han og englene foretager sig. Derimod lyder hans befaling: Denne er min Søn, den elskede. Hør ham! Her stiger jeg ned til jer, så I kan se, høre og gribe mig. Her, og ingen andre steder, kan de træffe og finde mig, alle de, der længes efter mig og gerne vil befries fra deres synder og blive salige. Her burde vi straks samstemme og slutte: Dette taler Gud selv, ham vil jeg følge, og intet andet ord eller prædiken hører, ej heller lærer eller vide andet om Gud. For i denne person bor hele guddomsfylden legemlig, som Paulus siger, og foruden ham er der ingen Gud. *Kun i ham træffer du Gud* og kommer til ham, skønt han er allestedsnærværende. Hvor man hører denne persons ord eller ser hans gerninger, dér hører og ser man i sandhed Guds ord og gerninger.

Gud handler gennem ord og sakramenter

Da nu Kristus har befalet sine apostle at videregive og udbrede sit ord, så ser du også hos dem Kristus selv, og altså også Gud Fader. For apostlene taler ikke andre ord end hvad de har modtaget af hans mund, og viser alene hen til ham. Dette er så gået videre til os gennem rette biskopper, præster og prædikanter, der har modtaget det fra apostlene. Altså udgår alle prædikener i kristenheden fra denne Kristus, og viser hen til ham. *De ord og gerninger, som de udøver på kirkens vegne, er således også Herren Kristi ord og gerninger,* hvad enten de selv personligt er gode eller onde. Altså bør de alle sige: Du skal ikke se eller følge mig, men alene den Herre Kristus, hvad han siger og viser dig gennem mig. Det er nemlig ikke mine ord, men Kristi ord. Dåben og nadveren, som jeg rækker, er ikke mine, men hans dåb og nadver. Embedet, som jeg fører, er ikke mit, men Herrens embede. Men når det er Kristi ord og dåb, så er det også Faderens ord og dåb. Han siger jo selv: Hvad jeg taler og gør, gør jeg ikke af mig selv, men Faderen, som bor i mig, gør sine gerninger.

Altså er det alt sammen én dej og kage, så alt udgår fra Faderen gennem Kristus. Som Kristus siger: Hvad jeg taler, taler ikke jeg, men Faderen. Ligeledes Paulus og de andre apostle og prædikanter: Det er ikke mig, der døber eller tilsiger syndernes forladelse, men Kristus. Det er ikke os, der taler, men Kristus og Gud selv, osv. Derfor når du hører denne prædiken, så hører du Gud selv. Modsat, hvis du foragter denne prædiken, så er det ikke os du foragter, men Gud selv. For alt er Guds, der kommer til os i *enhver kristen* og prædikants mund, og siger til os: Vil du se mig og mine gerninger, så se på Kristus; vil du hører mig, så hør disse ord. Således overgiver Kristus det til sine apostle, de igen til deres efterfølgere, biskopperne og prædikanterne, og de videre til den ganske verden. Altså er apostlene og prædikanterne *blot rør, hvor igennem Kristus sender og leder sit evangelium fra Faderen.* Derfor, når du hører evangeliet blive ret lært eller et menneske blive døbt, nadveren blive rakt eller modtaget, syndernes forladelse tilsagt, dér kan du frimodigt sige: I dag har jeg set Guds ord og gerning, ja, hørt og set Gud selv prædike og døbe, osv. Tungen, stemmen og hånden er vel et menneskes, men ordet og tjenesten er i virkeligheden den guddommelige majestæts. Derfor bør det også anses og tros, som hørte man Guds stemme lyde fra himlen, eller så ham med hænderne døbe og række nadveren. Altså må vi her *ingen adskillelse eller forskel gøre mellem Gud og hans ord og handlinger,* som er givet os gennem Kristus. Heller ikke må vi søge Gud andre steder eller gøre os andre tanker om ham.

Nådemidlerne er Guds klædning

Når vi kommer i himlen, da skal vi se ham på anden måde, uden mellemmand og dunkelhed, men her på jorden kan du ikke se eller gribe ham med din grublen og grunden. Som Paulus siger, ser vi ham i et spejl, i en gåde, nemlig i ordet og sakramenterne. De er ligesom hans *maske og klædning,* hvor under han skjuler sig. *Dog er han virkelig nærværende,* og gør undere, prædiker, uddeler nadveren, trøster, styrker og hjælper. Vi ser ham altså, som når vi ser solen gennem skyen. For nu kan vi ikke tåle at skue majestætens strålende åsyn, derfor må han tildække og skjule sig som bag en tyk sky. Altså er det en afgjort sag, at den, der vil se og gribe begge, både Faderen og Kristus, som han nu forklaret troner i sin majestæt, han må gribe dem i de ord og gerninger, som de i kristenheden virker igennem ved prædikeembedet og andre tjenester.

Derfor må vi under ingen omstændighed være så uforstandige, at vi deler og adskiller Gud, Kristus og hans ord. Heller ikke må vi undersøge den blotte majestæt, sådan som hedningerne, muhamedanerne, intellektuelle og andre gør. Da han er kommet ned på jorden og taler til os og virker gennem prædikanter, forældre og andre, skal vi ikke farer op i skyerne og beskæftige os med, hvad Gud for sig selv laver eller tænker. Sådanne tanker og spørgsmål kommer ikke fra en god ånd, men fra Djævelen. *Hvis du virkelig vil vide, hvordan du har det med Gud, og om du har hans velbehag, så hør på disse ord,* da får du straks besked: Den som ser og hører mig, han ser og hører også Faderen. Derfor se til at du bifalder, hvad Kristus prædiker for dig og gør igennem sin kristenhed ved prædikanter, forældre og andre fromme mennesker. Hvis du af hjertet hører dette og forbliver derved, så er du vis i din sag, og bør og skal ikke tvivle, for hvad disse taler til dig, det siger i sandhed Gud selv.

Guds majestæt er uudforskelig

Opfører du dig derimod som et samvittighedsløst menneske, der ikke vil agte på dette, men derimod ved egne tanker vil udforske og udgrunde, hvordan du har det med Gud i himlen, da er du fortabt. Og det med rette, da du ikke vil modtage det, Gud har forelagt dig, men søger andre midler. Han er jo netop til stede, for at sige og vise dig, hvordan hans sindelag er mod dig, så du kan være vis i din sag. Ligeså har han forordnet alle slags tjenester og embeder i kristenheden, så hele verden er fuld af hans gerninger. Men du lader det hele ligge, som var det intet, og tænker: Gud er der oppe i himlen blandt sine engle, og har andre ting for. Hvad kan prædikanter, forældre og andre hjælpe? Nej, hvis jeg selv kunne hører og se ham så! – Men dette er at adskille og dele Gud og hans gerninger, Kristus og hans ord, hvilket bør sammenføjes og forbindes så tæt som muligt.

Derfor bør enhver give agt, så han aldrig mere udforsker Gud med sin forstand og tanke, men lærer fuldstændig at binde sig til og holde fast ved ordet. Ud fra det skal man dømme og slutte, så tager man ikke fejl. Nu hører du jo i ordet intet andet end dette: Tro på mig, at jeg for Kristi skyld tilgiver dig dine synder og er dig nådig. Lad dig døbe på dette. Vær lydig mod dine forældre, og gør hvad dit kald og stand fordrer. Så har du alt, hvad du behøver, ja, Gud selv. Javel, siger du, skulle dette være at se og hører Gud? Jeg mener, Gud er jo oppe i himlen, derfor må vi have en speciel åbenbaring fra ham. – Nej, sådan går det ikke til, men vil du finde ham, da må du søge ham i ordet, hvori han er indhyllet, så skal du siden se ham også i hans majestæt. Her vil han ikke foretage sig noget specielt ud over eller imod sine forordninger, som han har givet til kende i sit ord.

Kendetegnet på falsk åndelighed

At man ringeagter dette er et ødelæggende påfund, som nu er så alment og udbredt. Sådan tanker havde også Müntzer og gendøberne tidligere, idet de uforskammet sagde, at de ikke ville regne med Kristus, hvis han blot prædikede evangeliet og døbte, men ikke talte til dem direkte. Dette er i sandhed det sikre kendetegn og kernen hos alle falske, vildførende ånder, *at de bortkaster det ydre ord og sakramenterne, og ikke lader sig nøje med Guds almindelige ordninger,* som han har givet hele kristenheden, og hvor igennem han regerer den. De vil ikke hører, hvad han siger og lader dem forkynde, om hvordan de skal finde ham, men de vil lærer og undervise ham om, hvordan han bør omgås dem. Men det får de ikke held til. Han er ikke en, der lader sig trække rundt efter skægget, eller *opfinder noget specielt* til hver enkelt, eller efter dit ønske bringer et nyt evangelium, dåb, prædiken eller åbenbaring. For han har én gang for alle besluttet og sagt om denne Kristus: Her er manden, som I skal høre, hvis I vil komme til mig og blive salige. Så vid da nu, at jeg intet andet tegn vil give jer. Vær derfor optaget af at modtage ham, ellers er I fortabte. Dette har han klart og tydeligt sagt og strengt befalet. Dog udretter det intet over for den vantro verden. Så fuldstændigt regeres den af den hovmodige Djævel, der vil gribe Gud i hans majestæt.

Således begyndte også *muhamedanismen* med specielle påfund, da man ikke ville forblive ved det almene evangelium. Kristus er jo nu faret til himmels, sagde Muhamed, jeg må derfor have en engel gennem hvem Gud kan tale med mig. Gik derefter videre og lavede en ny bibel, nemlig koranen, og afskaffede dåben. Således har også *paven* med sine præster og munke hidtil gjort. De har ladet Kristus og troens ord fare. Bibelen har de ladet ligge lukket. Kristus har de foregivet sidde i himlen som en streng dommer. Derfor måtte man have Maria og de afdøde helgeners forbøn, og gennem messeofferet forsone Gud. Ligeledes foregiver de, at dåben og et almindeligt kristent liv i kald og stand er ringe ting. I stedet har de opfundet specielle fine tjenester og embeder. Har indstiftet en højere munkedåb. I én sum: ene af speciel selvvalgt hellighed har de opfundet, uden om og imod Guds almindelige ord og ordning og den almindelige gud-velbehagelige samfundsorden. Alene de kunne derigennem komme i himlen, og også derved hjælpe andre dertil. Deres strålede som ene kostbare ædelstene. Den almindelige dåb, nadver, forældre, øvrighed og samfundsorden var mod dette som en ubehagelig stank, og intet værd. Dette har opfyldt verden, så det rette lys og kristenhedens høje ære er blevet fordunklet og trådt under fode.

Derfor må vi atter udrense og bortkaste sådan djævlemøg, og lade den rette lære lyse og præges i hjerterne, så vi imod dette lærer og tror: Jeg skal og vil *ikke vide af nogen gerning, nogen gudstjeneste, nogen åndelighed eller hellig livsførelse uden alene hvad denne mand, Kristus, har sagt* eller apostlene har befalet, og hvad de har videregivet prædikanterne efter sig. Når jeg hører dem, hører jeg ham selv. Når jeg hører ham, så hører jeg Faderen. Hvor alt går ret til, er alt altså indflettet og forbundet med hinanden som i en kæde, ligesom man kan følge åen eller bækken tilbage til sit udspring. Først drikker jeg vand af røret, så af bækken, indtil jeg kommer til kilden.

Nådemidlerne viser os Guds sindelag

Dette skal læres og indskærpes ikke alene fra prædikestolene i hele kristenheden, men også sådan at enhver kristen selv øver sig i det og vænner sig til det i ens egne personlige anfægtelser. Når Djævelen med sine pile angriber mig med den evige forudbestemmelse, Guds vrede og dom, at jeg da er bevæbnet med Kristi ord, og siger: Vig bort, du lede løgneånd og spis dit eget møg, og lad mig i fred for sådanne tanker. Jeg har lært af Kristus og Gud selv, at hvis jeg vil vide, hvordan Gud tænker om mig og vil med mig, da skal jeg ingen anden høre end min Herre Kristi mund. Da ser og hører jeg intet andet end at han giver mig sin dåb og nadver, tilsiger mig syndernes forladelse og frikender mig. Dér er der jo ingen vredestegn, som om han vil støde mig til helvede.

I dåben vil han ikke drukne mig, men vaske, rense og levendegøre mig. I nadveren sætter han mig ikke et sværd for halsen, som ville han dræbe mig, men byder mig at spise og drikke. Således hører jeg i prædikenen heller ingen vrede og unåde, men udelukkende faderlige, barmhjertige løfter og trøsteord. Således har han også mig til gode forordnet og givet forældre, øvrighed og overordnede, hvilket alt sammen er ene nådetegn. Hold dig til dette, og lad andre diskutere og forgæves udforske, hvad Gud har for oppe i himlen. Du vil aldrig finde ud af det, om du så spekulerede dig til døde. Men her har du det for vist, så du hverken bør eller skal tvivle. Netop derfor åbenbarede han sig fra himlen og sagde: "Denne er min Søn, den elskede. Hør ham." Videre har han betroet det til sine apostle, og de til deres efterfølgere, som igen har givet det til os og vore børn. Altså går det ret til, sådan som Gud har forordnet det, når jeg altid ser og hører ham gennem rørledningerne, så jeg følger bækken, der udgår fra Kristus og fører til kilden.

En alvorlig formaning

Se, det er den skønne tale og prædiken holdt i anledning af apostlen Filips spørgsmål. Dermed er der ikke alene givet svar på hans spørgsmål, men også på alle andres flyvske tanker, så de *understår sig i at udforske Gud.* Hermed er altså gennem Kristus sagt dig og hele verden: Hvad foretager du dig, at du vil søge Gud andre steder end i mig, eller se og høre andre ord og gerninger end dem, jeg taler og virker? Ved du ikke, at jeg er i Faderen og Faderen er i mig? Dernæst hører du mig i den hellige Paulus. Paulus hører du i Titus eller de andre prædikanter, og så videre i alle, der prædiker ordet. Altså er alle ét i den Herre Kristus. Hvor Paulus er, dér er jeg. Hvor jeg er, dér er Paulus og alle prædikanter. Alle helt og holdent i Kristus. Kristus i og med Faderen. Og modsat, Kristus i alle, og Faderen i Kristus. Hvordan kan du da være så uforstandig at spørge, hvor Faderen er? Sådan må ingen af Kristi disciple spørge. Lad de andre ikke-

kristne, hedninger, jøder, muhamedanere, kættere, munke og viden-
skabsmænd forske og søge. Men tag du dig i agt, at du ikke farer Kristus
forbi. *For da finder du ikke Gud, men den lede Djævel,* der som sagt ikke
kan bedrage folk på anden måde end ved at male Majestætens navn uden
på sine egne løgne.

Korsteologi

Derfor må enhver, der ikke vil forføres, lære med flid at indprente sig
dette, at man *simpelthen forbliver ved ordet,* og intet andet hører eller an-
tager, som omhandler Gud. Lad dem så blot prise Guds navn så højt de
vil, og fremstille ham så herlig og majestætisk, de kan. Sådan som Djæve-
len ofte har gjort over for mig, så jeg var helt ude af mig selv og ikke vidste,
hvad jeg skulle gøre. Bliv derfor ved ordet og sig: Nu vil jeg ikke have no-
get med det at gøre, om det så var den rette Majestæt selv. Han har nemlig
befalet mig, at jeg ingen andre steder skal søge ham eller tænke om ham
end i Kristus. Derfor er det i sandhed en af Djævelens ånder, der bedrager
mig under navn og skin af Majestæten, og forsøger at forskrække og jage
mig bort fra Gud. Når Gud dog tvært imod ved Kristus på det allervenlig-
ste drager mig til sig, og giver mig de visse tegn på hans nåde og min sa-
lighed, nemlig ordet og dåben.

Også hedningerne har erfaret og bevidnet dette, at man ikke ved egne
tanker eller udforskning med fornuften kan vide noget sikkert om Gud.
Således skriver man om en konge, der spurgte sin lærdeste filosof, om
hvem Gud er. Filosoffen udbad sig nogle dages betænkningstid. Men da
han skulle svare, udsatte han det atter. Og ligeså tredje og fjerde gang.
Indtil han til sidst måtte bekende, at han ikke vidste, hvad han skulle
svare, og at jo mere han tænkte over det, jo mindre begreb han. Sådan går
det enhver, der understår sig i med sine tanker at udfinde noget om
Gud. *Jo mere han forsker, jo længere bort kommer han.* Til sidst mister han
fuldstændig Gud, hvis der ikke sker det, at han griber Kristus og holder
sig til ordet. Indprent dig derfor Jesu ord til Filip nøje: "Hvordan kan du

sige: 'Vis os Faderen'?" Kære, flyv ikke omkring i egne tanker. Lad Gud være Gud, synd synd, hellighed hellighed. Ja, lad alt være og blive som det vil. Men hør du på, hvad jeg siger, og bliv ved det: "Den, der ser mig, ser Faderen"; og "de ord, jeg taler, er ikke mine, men Faderens".

Læg mærke til, hvordan han sammenfatter de to stykker, sine ord og sine gerninger, og tilegner begge dele til Faderen. Ordene "den, der ser mig, ser Faderen" udlægger han selv, nemlig, at det intet andet er end at se på hans ord og gerninger. For også jøderne har set ham med øjnene, men de så ham som en ko ser, uden at det gjorde nogen forandring. Men et kristent syn og erkendelse vil sige, at se på hans mund og hænder, og give agt på, hvad han taler og gør. Af dette følger en sådan erkendelse, at man forstår og erfarer at Gud bor og åbenbarer sig i ham, og at hans ord og gerninger er Guds ord og gerninger. Dette ønsker han på det kraftigste at indprente os i denne sidste prædiken inden sin afsked. Som sagt er det ham magtpåliggende at vi forstår dette, som alene er den rette, men også den sværeste kunst for en kristen.

Den fuldstændige åbenbaring af Guds inderste væsen
Der er altså ikke alene *fuld* overensstemmelse mellem Kristus og Guds ord på den ene side og Gud Faders inderste væsen på den anden side, men det er også en *fuldstændig* åbenbaring af Guds sindelag og inderste tanker. Dette aspekt er især vigtigt i anfægtelser, hvor tvivlen kredser om de tanker, at Gud måske allerdybest inde er anderledes stemt, end det kommer til udtryk i Kristus og Skriftens ord. Her understreger Luther gang på gang, at det netop er Guds allerinderste væsen, Kristus har vist og åbenbaret. Man kan simpelthen ikke komme længere ind eller dybere ned i Guds hjerte og væsen.

I Luthers kommentar til Joh 17 fra 1530 finder man ikke skyggen af en skjult Gud, der skulle være anderledes end det, Kristus har vist os. *Der er ingen anden Gud, og der er ikke modsatrettede viljer i Gud.*

Til Joh 17,3 siger Luther det sådan:

Hele evangeliets kerne ligger sammen med det lille ord »udsendt«, for det åbenbarer og viser os Gud Faders sind, hjerte og vilje over for os. Det indbefatter deri alt, hvad Kristus har gjort, prædiket og lidt og bragt eller givet os.

Ved denne gerning, at Faderen sender sin søn, har han åbnet os hele sit hjerte og hele sin vilje, så man ikke ser andet end overvældende, uudgrundelig kærlighed og barmhjertighed. Men når jeg nu har Faderens hjerte, så har jeg ham helt med al hans guddommelige magt og kraft.

Her står Faderens hjerte, vilje og gerning åben for mig, og jeg kender ham fuldstændig.

Læg godt mærke til Luthers ord her: alt, helt, fuldstændig: Alt, hvad Gud tænker om os, og hele hans hjertelag mod os. Alt, hvad Gud vil og har i sit hjerte. (Joh 15,15).

Denne fuldstændige åbenbaring af Gud præciserer Luther i sin førnævnte kommentar over Joh 14-16:

Vil du vide, hvordan den himmelske faders sindelag og tankegang er, så har du her alt, for jeg har forkyndt jer det hele. Derfor kan en kristen sige med bestemthed: Jeg véd, Gud være lovet, alt, hvad Gud vil og har i sit hjerte, og intet af, hvad der tjener til min frelse, er skjult for mig. For han taler jo ikke om, at vi skal vide besked med alt muligt, med hvor mange sten der findes i havet, eller hvor mange stjerner der er på himlen, men derimod om alt, hvad Gud tænker om os, og hele hans hjertelag mod os. (Joh 15,15).

Huspostillen

De to næste stykker er hentet fra Luthers Huspostil, der udkom i 1544. Huspostillen indeholder prædikener, som Luther har holdt i sit hjem for sin familie, logerende og de mange gæster. Der drejer sig her især om prædikener fra den senere periode i Luthers liv, dvs. fra 1530 og frem.

Huspostillen er flere gange blevet oversat til dansk, blandt andet i en udgave, som Vilhelm Beck stod for.

De to stykker er uddrag fra to forskellige prædikener. Det ene er fra prædikenen på septuagesima søndag over Matt.20, 1-16. Ifølge en tekstvariant til den græske grundtekst slutter vers 16 med ordene "mange er kaldede, men få er udvalgte". Det er de ord, Luther udlægger her. Vi møder de samme ord i Matt.22, 14. Det andet stykke er fra prædikenen på Maria renselses Dag, også kaldet Kyndelmisse, en af de festdage, der blev afskaffet i Danmark og Norge ved "festindskrænkningen" i 1770. Prædiketeksten fra Luk.2, 25-32 er senere blevet optaget under anden tekstrække på søndag efter jul.

Uddragene gengives i fuld længde. De er oversat fra tysk fra WA 52, 140-42 og 161-62.

Matt.22, 14: Mange er kaldede, men få er udvalgte

Af disse ord udleder de selvkloge hoveder mange upassende og ugudelige tanker. De tænker: "Den, som Gud har udvalgt, bliver frelst uden midler". Og modsat: "Den, der ikke er udvalgt, han kan gøre, hvad han vil, være så from og troende, som han vil, så er det dog fastsat, at han skal falde fra, så han ikke kan blive frelst. Derfor vil jeg lade det gå, som det må. Skal jeg I Himlen, så kommer jeg det. Hvis ikke, så er det forgæves, hvad end jeg gør." – Enhver kan vist slutte sig til, hvilke vilde, sikre mennesker, der fremkommer ved sådanne tanker.

I prædikenen på søndag efter nytår, hvor vi så på ordene fra profeten Mika, er det tilstrækkeligt vist, at man skal tage sig I vare for sådanne tanker som for Djævelen selv, og I stedet finde en anden vej til at betragte og overveje Guds vilje. Man skal lade Gud I fred I hans majestæt og forudbestemmelse. Den er nemlig ubegribelig. Og det er umuligt, at man ikke falder I forargelse derover. Enten fører sådanne tanker til fortvivlelse, eller også bliver man helt gudløs og fræk.

Den, der vil kende Gud og hans vilje ret, skal gå den rette vej, da bliver han ikke vildledt, men retledt. – Og den rette vej er Herren Kristus, som han selv siger: "Ingen kommer til Faderen uden ved mig". *Den, der ønsker at kende Faderen ret og komme til ham, han skal altså komme frem til Kristus og lære ham at kende.* Kristus er Guds Søn og evig, almægtig Gud. Hvad foretager Guds Søn sig da? Han bliver menneske for vor skyld. Han går ind under loven, for at løse os fra loven. Han lader sig korsfæste og dø på et kors, for at betale for vore synder. Han står atter op fra de døde, for at han ved sin opstandelse kan berede os en indgang ind til det evige liv og hjælpe os ud af den evige død. Han sidder ved Guds højre hånd som vor talsmand, og skænker os Helligånden, hvorved han fører og bevarer sine troende mod alle Djævelens anfægtelser og angreb. – Dette er at kende Kristus ret!

Når nu denne erkendelse findes og står fast I hjertet, da kan du fare til Himmels og *gøre dine beregninger.* Når Guds Søn gør disse ting for menneskers skyld, *hvordan må da ikke Guds hjerte være stemt mod os menne-sker*, da jo Sønnen gør dette ifølge Faderens vilje og befaling? Er det ikke sandt, at da tvinger din egen fornuft dig til at slutte sådan: "Når Gud har givet sin enbårne Søn på denne måde for vor skyld, så kan han ikke mene det dårligt med os mennesker. *Han vil jo ikke, at vi skal gå fortabt, siden han har udtænkt og brugt det højeste middel*, for at hjælpe os til livet". På denne måde kommer man ret til Gud, som også Kristus siger I Joh.3, 16: "Således elskede Gud verden, at han gav sin Søn den enbårne, for at en-hver, som tror på ham, ikke skal fortabes, men have evigt liv". Hvis man holder disse tanker mod dem, der fremkom af den anden mening, så vil man kunne se, at de stammer fra den lede Djævel, der ønsker at føre men-nesker I forargelse, så de enten fortvivler eller bliver frække og gudløse. Han forventer jo intet godt af Gud.

Andre udtænker andre tanker og tolker ordene sådan: "Mange er kal-dede", dvs. Gud tilbyder sin nåde til mange, men "få er udvalgte", dvs. han lader kun få smage denne nåde, da det jo kun er få, der bliver frelst. – Men det er en helt gudløs opfattelse! For hvordan er det muligt, at man ikke skulle blive Gud fjendtligt stemt, hvis man tror og mener om Gud, at det *alene er en mangel ved hans vilje, der gør, at vi ikke alle bliver frelst?* – Men denne mening kan man blot sammenholde med den, hvor man først lærer Herren Kristus at kende, så vil man kunne se, at det er *en djævelsk gudsbespottelse.*

De ord som Herren taler, at "mange er kaldede", har således en ganske anden betydning. For evangeliets prædiken er offentlig og angår alle, som blot vil høre og modtage det. Gud lader det netop derfor forkynde så of-fentligt og alment, for at enhver skal tro og modtage det og blive frelst. – Men hvordan går det? Som det videre hedder: "Få er udvalgte", dvs. kun få forholder sig således mod evangeliet, at Gud kan have behag I dem. For nogle hører evangeliet og regner det ikke. Andre hører det, men holder ikke fast ved det og vil ikke lide derfor. Atter andre hører det, men går højere op I penge og materielle goder og et behageligt liv. Dette behager ikke Gud og han kan ikke have behag I sådanne mennesker. *Det er det,*

Kristus kalder, ikke at være udvalgt, dvs. at de forholder sig sådan, at Gud ikke kan have behag I dem. Derimod er de udvalgte og gudvelbehagelige, som flittigt hører evangeliet, tror på Kristus, beviser troen med gode frugter og lider det, de skal.

Denne forståelse er den rette, som ikke vildleder, men retleder folk, så de tænker: Vel, skal jeg være Gud til behag og udvalgt, så passer det sig ikke, at jeg lever med en dårlig samvittighed, synder mod Guds bud og ikke anser synden for noget. Tværtimod må jeg gå for at høre Guds ord, bede Gud om hans Helligånd, ikke slippe ordet af hjertet, modsætte mig Djævelens indskydelser og bede om beskærmelse, tålmodighed og hjælp. Det fremkommer der gode kristne af. *De, derimod, der holder for, at Gud ikke under ethvert menneske frelsen,* falder enten I fortvivlelse eller sikkerhed, bliver gudløse folk, der lever som dyr, og tænker: Det er jo dog bestemt, om jeg skal blive frelst eller ej, hvorfor skulle jeg så bekymre mig? – Nej, ikke sådan! Du har befaling om, at høre Guds ord og tro på Kristus, at han er din frelser, som har betalt for dine synder. Tænk på denne befaling, så du efterkommer den. Mærker du da til vantro og svaghed, så bed Gud om hans Helligånd. Og betvivl ikke, at Kristus er din frelser, så skal du ved ham, på hvem du tror, dvs. til hvem du fortrøster dig, blive frelst. Dertil hjælpe vor kære Herre Jesus Kristus os alle!

Luk.2, 30-31: Mine øjne har set din frelse, som du har beredt for alle folkeslag

Hvad siger Simeon her? Er det ikke sandt, at han maler et ganske andet billede af Gud end det, som dit hjerte forestiller sig? Hvis det virkelig var Guds mening blot at straffe synderen uden at vise nåde, så var det ikke nødvendigt, at han planlagde at sende en frelser, for at hjælpe os. Men nu siger Simeon, at *Gud har beredt en sådan frelser, som er indsat og forordnet til, at alle mennesker skal have gavn deraf og blive salige.* Derfor må det *i egentligste forstand* være Guds vilje og mening, som også Paulus siger i 1

Tim. 2, 4, at alle mennesker skal blive hjulpne, ikke materielt, men mod synden og døden. Til dette er denne frelser bestemt, som Gud har beredt for alle folkeslagene. Hvem vil nu frygte for en sådan Gud eller ængste sig, da han jo *gerne vil, at det i al evighed går os godt, og selv har forordnet og beredt alt, hvad dertil hører?*

At nu nogle, ja, de fleste, bliver fordømt og ikke frelst, det sker *i egentligste forstand ikke derfor, at Gud vil det sådan. – Men fordi de ikke holder sig til denne Guds nådige vilje* og ikke vil tage imod den frelser, som Gud ikke desto mindre har forordnet til, at han skal hjælpe alle.

Hvis en rig mand i en by ønskede at skænke alle fattige en stor sum penge, men nogle ikke ville komme, for at modtage pengene af ham, *hvem bar da skylden* for, at nogle af de fattige forblev fattige og ikke blev rige som de andre. *Egentlig ikke den rige mand, men de selv,* da de er sådanne dovne slyngler, der ikke vil gå derhen, hvor de har fået besked om.

På nøjagtig samme måde går det i denne verden. Simeon, den fromme mand, lyver ikke, at Gud har beredt denne frelser, for at alle folkeslag skal modtage ham, have gavn af ham og blive frelst. Hvis nu jøderne er så forstokket, at de ikke vil, paven, muhamedanerne og hedningerne heller ikke, og heller ikke du, hvad skal man så gøre? Det hjælper ikke, at du i Guds navn farer løs og søger dig en anden frelser, for at se hvordan det er. Gud vil ikke gøre noget ekstraordinært for din skyld. Vil du have hjælp, så tag imod dette barn. Tro at Gud for hans skyld vil være dig nådig, tilgive dig dine synder og frelse dig, så skal du blive frelst. For han er frelseren fra synd og død. *Vil du derimod ikke lade dig hjælpe, dvs. modtage ham, så bliv under Guds vrede og fordømmelse - men tak ingen derfor uden dig selv!*

Fra Guds side mangler der ikke noget. Han har beredt denne frelser. Det er jo et vidnesbyrd om, at han ikke er os uvenligt stemt og ikke vil lade os fordømme uden mulighed for hjælp. Ja, denne hjælp har han beredt for alle mennesker, for at enhver skal have gavn deraf. Ikke alene Simeon, Maria, Peter og Paulus, men alle mennesker - *ingen undtaget.* Den, der har behov for hjælp mod synd og død, han skal finde den. Således har Gud som en god far forordnet det.

Tag dig derfor i agt, at du ikke selv ved din vantro udelukker dig selv og selv afskærer dig fra denne hjælp, som Gud ikke alene har forjættet dig, men også trofast har opfyldt, som Simeon siger.

Melanchthons Troslære

Det næste stykke er ikke af Luther, men Melanchthon. Vi tager det alligevel med her, hvor vi beskæftiger os med Luthers syn på forholdet mellem Guds universelle frelsesvilje og nådevalget. Det gør vi med god grund, da Melanchthon dels var Luthers højt betroede medarbejder og nære ven, og dels fordi Melanchthons troslære, Locien, var reformationstidens egentlige lærebog i dogmatik, som Luther anså for en fuldgyldig og meget præcis gengivelse af den reformatoriske lære - mere præcis end hvad han selv mente, han kunne udtrykke det i sine egne skrifter. Luther roste Melanchthons troslære til skyerne ved flere lejligheder. Så sent som i 1543 udtaler Luther, at for at blive en god teolog kræves der kun to ting, nemlig at man flittigt studerer bibelen og læser Melanchthons Loci godt og grundigt, så man har den i hovedet, for der er ikke efter den hellige skrift skrevet en bedre bog (WA Tr 5, 204).

Melanchthons troslære har også en særlig betydning for os, da den ifølge Den Danske Kirkeordinans af 1537/39 hører med til folkekirkens grundbøger.

Teksten findes i CR 21, 450-53.

Melanchthons troslære 1535

Om forudbestemmelsen

Om forudbestemmelsen skal vi ikke dømme ud fra fornuften eller loven, men ud fra evangeliet. Man skal heller *ikke søge anden årsag til forudbestemmelsen end den, der er til retfærdiggørelsen.* Hvis dette udgangspunkt står fast, vil man let kunne besvare de mange spørgsmål. For hvis vi drager vore slutninger ud fra evangeliet og sammenholder forudbestemmelsen med retfærdiggørelsen, får vi *en enkel og lige vej.* Ligesom vi tager vort udgangspunkt i Guds ord, når vi behandler læren om retfærdiggørelsen, sådan skal vi også tage vort udgangspunkt i ordet eller evangeliet, når vi beskæftiger os med forudbestemmelsen. Både den enkeltes anfægtelser omkring udvælgelsen og de lærdes diskussioner derom stammer fra enten fornuften, når den er uden Guds ord, eller også fra loven. Man forestiller sig, at udvælgelsens årsag er vor egen værdighed eller gode gerninger, da det er sådan, fornuften og loven tænker. Næsten alle katolske teologer er hildet i denne mening, idet alt, hvad de lærer, er en lovens retfærdighed. Men vi påminder om, at det er evangeliet, vi skal betragte.

Ved evangeliets løfte er der *to ting,* som man skal være opmærksom på nemlig at retfærdiggørelsen loves os *gratis,* af nåde, og at løftet er *universelt,* omfattende alle mennesker. Det er nemlig disse to ting, der foruroliger os mest. Dels tanken om, at vi ikke er udvalgt, fordi vi er uværdige. Dels tanken om, at skønt vi var værdige, så har Gud dog udvalgt nogle, der behager ham, og derfor tør vi ikke håbe på frelsen, da vi måske ikke er med i de udvalgtes antal. Begge forestillinger afviser vi, og bevæbner os omhyggeligt med en evangelisk tankegang. Derfor skal vi hverken se på vor egen værdighed, eller gøre det altomfattende evangelium partikulær, så det blot skulle omfatte nogle. Nej, *enhver skal indregne sig selv i det universelle løfte.* Når vi anfægtes eller gennemtænker udvælgelsen, skal vi ikke tage udgangspunkt i vore egne overvejelser eller loven, men i evangeliet. Hvis man søger udvælgelsens årsag uden for evangeliet, kan man ikke undgå at tage fejl. Vi må således ikke lade os føre bort fra evangeliet, men lade alle andre tanker fare.

Da løftet er af nåde, slutter vi med rette, at *udvælgelsens årsag er Guds barmhjertighed*. Da løftet desuden er universelt, gør de, der ændrer det til kun at omfatte enkelte, simpelthen løftet uvist og udrydder troen. Da vi nu imidlertid må antage, at løftet virkelig er universelt og gælder alle, så siger vi således om retfærdiggørelsen, at den *efterfølgende har en vis årsag* i dem, der modtager den. Dog ikke vor egen værdighed, men *at vi griber løftet,* gennem hvilket Helligånden er virksom, som Paulus siger i Rom.10, 17: "Troen kommer gennem hørelsen". *På samme måde* siger vi også om udvælgelsen efterfølgende, at de, der ved tro griber barmhjertigheden og bevarer denne tillid til det sidste, at de uden nogen tvivl er udvalgt. Alt dette flyder fra den kilde, at vi ikke tænker om Guds vilje uden og ud over Guds ord. Det gør de, der, når de søger efter årsagen til udvælgelsen, eller når de søger at fjerne enhver årsag, ikke samtidig leder samvittigheden ind i evangeliets løfter.

Heller ikke bifalder jeg, at nogle vil udforske udvælgelsens hemmeligheder. For skønt man kan finde visse sandheder, er det dog unyttigt og forvirrende, og fører os bort fra beskæftigelsen med evangeliet. Der er heller ingen anfægtelse, der så hårdnakket plager os og bekæmper troen, som ideen om, at løftet skulle være partikulært og kun gælde enkelte. Derfor, for at afhjælpe vores svagheder og ikke give grobund for mistillid, så bør *enhver selv samle sig nogle skriftsteder,* der viser, at løftet omfatter alle. Det kan være skriftsteder som disse: Rom.3, 22 "Guds retfærdighed ved tro på Jesus Kristus for alle, der tro"; Joh.3, 16 "For at enhver, som tror på ham, ikke skal fortabes, men have evigt liv"; Rom 10, 12 "Alle har den samme Herre, rig nok for alle, der påkalder ham". Sådanne skriftsteder bringer den sødeste trøst, især når den anden del føjes til, nemlig at velgerningerne gives os af nåde. Herhen hører også ordene fra 1Tim.2, 4 "Gud vil, at alle mennesker skal frelses"; og Rom.2, 11 "Der er ikke personsanseelse hos Gud". Disse ord skal vi betragte, så vi ikke giver næring til vor medfødte mistillid og *beskylder Gud for at nære personsanseelse og gøre forskel.* Desuden skal vi huske på, at *det onde stammer fra os selv,* så vi ikke *med vilje* giver efter for vor medfødte vantro og *modstår løftet,* eller lærer at søge en anden årsag til udvælgelsen uden om Guds ord. Og skønt Augustin er noget problematisk, så siger han dog i sit skrift Om forudbestemmelsen og Nåden: "De, der med et oprigtigt sind hører evangeliets kald og gør det, der står til dem, dem frelser Gud i sin godhed". Skønt nogle ønsker at drøfte denne sag grundigere, så er det dog for mig tilstrækkeligt at koncentrere sig om det, det kan gavne samvittigheden. Derfor skal samvittigheden i denne kamp kaldes tilbage til løftet, og da *især huske på, at løftet både er af nåde og universelt.*

Det, som jeg her har sagt, er ikke i strid med Kristi ord i Joh.6, 44 "Ingen kan komme til mig, uden at Faderen drager ham". For vi bør altid tage vort udgangspunkt i Guds ord. Når vi således griber ordet, er Gud samtidig virksom gennem ordet, således som der står skrevet i Rom.1, 16 "Evangeliet er Guds kraft til frelse for enhver, som tror". *Heller ikke Paulus' ord* i Rom 9, 16 "Altså beror det ikke på den, der vil, eller på den, der anstrenger sig, men på Gud, der viser barmhjertighed", *begrænser løftets rækkevidde, men lærer os, at barmhjertigheden er udvælgelsens årsag, som før sagt.* Hele Paulus' tale er holdt, ikke for at skræmme, men for at trøste. Da det imidlertid er nødvendigt, at fraskrive lovens retfærdighed al fortjeneste og værdighed for at bevare trøsten, er det at han siger, at det ikke afhænger af menneskers vilje eller stræben. Og hvad kan også være mere ønskelig end at udvælgelsen ikke afhænger af vor retfærdighed, men af Guds barmhjertighed, så den kan være vis.

Desuden hører det med til trøsten, at tale om *udvælgelsen virkning,* dvs. at der virkelig findes en menighed af udvalgte, som tror Guds ord. Vi skal ikke have den falske opfattelse, at de, der på grund af lovens retfærdighed tilraner sig denne titel, alt imens de forfølger evangeliet, virkelig er Guds kirke. Det er det, Paulus vil forhindre i Romerbrevet, idet han fratager jøderne titel af kirke, den titel de tilraner sig selv på grund af lovens retfærdighed. Over for disse sætter han de udvalgtes kirke, og kalder de andre forhærdede, idet han taler om straf og forfølgelse. Til menigheden i Efesus siger han i kap.1, 4, at "Gud udvalgte os i Kristus", for at minde dem om, at udvælgelsens årsag ikke er vor værdighed, men Kristus. *Vi må derfor ikke se bort fra Kristus eller evangeliet, når vi undersøger udvælgelsen,* men søge udvælgelsens årsag i Kristi barmhjertighed og løfte. Ligeledes i Rom.8, 30 "Dem, han har forudbestemt, dem har han også kaldet; og dem, han har kaldet, dem har han også retfærdiggjort". Dette siger han til trøst for de troende, for at de skal vide, at der er en sand udvalgt kirke, hvori evangeliet vil være virksomt. Han tilføjer desuden ordene om kaldelsen, for at understrege at *udvælgelsen virkeliggøres gennem ordet,* og at kaldelsen hører med til udvælgelsen. Dette er tilstrækkeligt til en kort forklaring om forudbestemmelsen.

Melanchthons troslære 1548

I udgaven af Locien fra 1548 præciserer Melanchthon en enkelt punkt endnu tydeligere. Teksten findes i CR 21, 659:

Da løftet er universelt og der ikke er modstridende viljer i Gud, så må det *nødvendigvis være i mennesket* at den udslagsgivende grund findes til, hvorfor Saul forkastes og David antages, dvs. at det nødvendigvis *i nogen måde* skyldes forskellige handlemåder af de to.

Luthers bordtaler

Det næste lille stykke er hentet fra optegnelserne i *Anton Lauterbachs dagbog.*

Lauterbach havde sin daglig gang i Luthers hus i årene 1537-39. Her nedskrev han Luthers udtalelser og svar på forskellige spørgsmål. Lauterbachs optegnelser er meget præcise, med angivelse af den nøjagtige dato for de enkelte udtalelser. Disse såkaldte bordtaler af Luther har selvfølgelig ikke samme værdi som hans egne skrifter, men vi bringer Lauterbachs optegnelse her, da den på en flot måde blot sammenfatter, hvad vi har set i Luthers øvrige skrifter.

Udtalelsen er fra den 20.juni 1539, og er Luthers svar på et spørgsmål, om årsagen til den forskellige udvælgelse af mennesker. Teksten findes i WA Tr 4, 423.

Bordtalen fra 1539

Om årsagen til forskellen i udvælgelsen svarede Luther: Årsagen til at Gud udvælger én og ikke en anden, skal man søge *i mennesket, ikke i Guds vilje.* For Guds løfter er universelle. *Han vil, at alle mennesker skal frelses.* Derfor er skylden ikke vor Herre Guds, som giver løfterne, men deres, som ikke vil tro.

Gud vil virkelig, at alle skal frelses, og derfor lader han evangeliet forkynde for alle. Når ikke alle bliver frelst, skyldes det, at mennesker selv udelukker sig fra frelsen ved vantro. Udvælgelsen er ikke absolut eller tilfældig, men betinget af den enkeltes forhold til evangeliet. Luther slutter således med et syn, man kunne kalde *en evangelisk udvælgelseslære.*

Det er et syn, der både begrunder og legitimerer et eksistentielt kald til omvendelse og advarer mod at modstå Guds nåde. *Gud tvinger ingen, men hjælper gerne alle.*

Kirkepostillen

Luthers sidste ytring her I spørgsmålet om Guds frelsesvilje er en prædiken fra hans berømte Kirkepostil. Ligesom Melanchthons troslære hører også Luthers Kirkepostil med til den danske kirkes grundbøger ifølge Kirkeordinansen.

Kirkepostillen består af en Sommerdel og en Vinterdel, hvor Vinterdelen indeholder prædikener fra Luthers egen hånd fra advent til påske. Vinterdelen blev udgivet ad to omgange I 1522 og 25. Sommerdelen indeholder prædikener til resten af kirkeåret, dels på baggrund af stenografi af prædikener, Luther har holdt og dels tidligere trykte prædikener.

Hele Kirkepostillen udkom samlet I 1543 og 44 med Luthers godkendelse og forord.

I prædikenen på Trinitatis søndag tager Luther spørgsmålet op, hvordan vi kan kende Gud og hans vilje. Forudbestemmelsen berøres da også ganske kort.

Oversættelsen er foretaget fra den tyske originaltekst I WA 21, 508-22.

Trinitatis søndag

Rom. 11, 33-36: O dyb af Guds rigdom og visdom! Hvor uransagelige er hans domme, og hvor usporlige hans veje! For "hvem kender Herrens tanker, eller hvem kan være hans rådgiver? Hvem har givet ham noget først, så han må gøre gengæld?" Thi fra ham og ved ham og i ham er alle ting. Ham være ære til evig tid! Amen.

Denne tekst læser vi på denne dag, fordi vi fejrer den hellige treenighed eller de tre personer i det guddommelige væsen. Dette er den første, høje og ubegribelige hovedartikel, som i den kristne kirke skal opretholdes ved Guds ord, så vi kender Gud, sådan som han vil kendes. Paulus behandler ikke artiklen nærmere i teksten, men berører den kun ganske kort til sidst, sådan som vi skal høre. Alligevel vil han lære os, at vi i disse høje sager, hvor vi taler om Gud, det være sig hans væsen eller hans vilje og gerninger, ikke skal tænke og dømme efter menneskelig visdom, men alene efter Guds ord. Disse guddommelige sager er alt for høje og overgår langt vor fornuft, så de aldrig kan gribes eller udgrundes med den menneskelige forstand.

Skønt jeg ofte har skrevet og sagt meget herom, skal vi dog kort sige lidt her. Sprogligt er det måske ikke særligt korrekt eller godt, at omtale Gud med ordet "trefoldighed" eller "treenighed", men da vi ikke har andre ord, må vi tale så godt, vi kan. Som sagt er denne artikel så højt hævet over menneskelig forstand og sprog, at Gud som en far må bære over med sine børn, når vi stammer og vrøvler så godt vi kan, når blot troen er ret og ren.

Med disse ord ønsker man at udtrykke, at der skal tros, at den guddommelige majestæt er tre forskellige personer i ét, sandt væsen. Det er de kristnes åbenbaring og erkendelse om Gud, at de ikke alene ved, at der er en eneste, sand Gud, adskilt fra og over al skabningen, og at der ikke kan være andre end denne ene Gud, men også, hvad denne ene Gud er i sit inderste, uudgrundelige væsen.

Den naturlige åbenbaring

Den menneskelige fornuft og visdom kan af sig selv nå så langt, at den kan slutte, om end med besvær, at der må være et eneste, evigt, guddommeligt væsen, som har skabt, opretholder og styrer alle ting. Når den ser sådanne skønne, velordnede skaberværker over alt i naturen, der på en så vidunderlig og ordnet måde har deres bestemte pladser og funktioner, så må den indrømme, at det ikke er muligt at noget sådant skulle være blevet til tilfældigt eller være skabt og styret af sig selv. Der må være en skaber og herre, hvorfra alt kommer og styres. Gud kan altså erkendes gennem sit skaberværk, som også Paulus siger i Rom 1, 20: "Guds usynlige væsen, både hans evige kraft og hans guddommelighed, har kunnet ses fra verdens skabelse af, idet det forstås af hans gerninger".

Dette er en erkendelse gennem virkningerne, hvor man betragter Gud i det ydre, i hans gerninger og styre. Ligesom når man betragter et slot eller et hus udvendigt, og dermed aner noget om slotsherren eller husejeren. Men et forhåndskendskab om det indre, om hvad eller hvordan Gud er i sig selv eller i sit inderste væsen, det har ingen menneskelig visdom nogensinde haft. Ingen kan heller vide noget derom, uden de, der får det åbenbaret ved Helligånden. For ligesom ingen ved, hvad der bor i et menneske, uden menneskets ånd, der er i ham, som Paulus siger i 1 Kor. 2, 11: "Således kender heller ingen, hvad der bor i Gud, uden Guds Ånd." Udefra kan jeg vel se, hvad du gør, men jeg kan ikke se, hvad du har i sinde og tænker. Modsat kan heller ikke du vide, hvad jeg tænker, med mindre jeg giver det til kende gennem ord eller tegn.

Så meget mindre kan vi se og vide, hvad Gud i sit eget, hemmelige væsen er, førend Helligånden, som ransager og skuer Guds dybder, åbenbarer det, som Paulus siger i 1 Kor. 2, 10. Det gør Helligånden gennem denne prædiken. Her lærer han os, at der i den guddommelige majestæt ikke er mere end et eneste, udelt væsen, der dog er således beskaffen, at der for det første er den person, der kaldes Faderen. Af ham er den anden person, som kaldes Sønnen, født fra evighed af. Og den tredje person, der udgår fra dem begge, og som kaldes Helligånden. Disse tre personer er ikke adskilte som to eller tre brødre eller søstre, men forbliver et eneste, udelt og udeleligt væsen.

Noget sådant, siger jeg, er ikke udgrundet ved menneskelig visdom, som ikke kan klatre op og stige ind i Himlen, men det er åbenbaret fra Himlen af. Derfor er det også alene de kristne, der kan tale om, både hvad det guddommelige væsen er i sig selv, og også hvorledes han i det ydre viser sig i sin skabning, og hvilke tanker han har med mennesker, nemlig at de skal blive salige. Alt dette hører de fra Helligånden, der åbenbarer og forkynder det gennem ordet.

Guds enhed

De andre, der ikke har en sådan åbenbaring og derfor dømmer efter egen klogskab, som jøderne, muhamedanerne og hedningerne, de må anse en sådan prædiken for den største vranglære og det værste kætteri. De siger, at vi kristne er tåbelige og gale, som laver tre guder, selvom al fornuft - og også Guds ord - lærer, at der ikke kan være mere end en. Det kan ikke passe, at der er mere end én husfar i huset og mere end én konge i et kongerige, endnu mindre at der er mere end én Gud, der regerer over himmel og jord. Med en sådan visdom mener de, at have gendrevet os og gjort vor tro til spot og foragt. Som om vi var så store fjolser og grødhoveder, at ikke også vi kan se dette. Vi er, Gud ske tak, lige så kloge som de, og strider og beviser lige så godt som de, om ikke bedre og med bedre grunde end deres koran og de jødiske kommentarer, at der ikke er mere end én eneste Gud.

Men vi siger og ved desuden ud fra Skriften, at når vi skal tale om disse guddommelige ting, så er det langt fra nok at bruge sin forstand og pukke på sin store visdom, men dertil hører en højere erkendelse end noget menneske kan præstere, for at behandle denne og alle andre artikler i vor tro. Det er kun et ringe kendskab, man har til Gud, når man ikke ved mere end hvad også hedningerne kan erfare og slutte ud fra almindelig logik. Også hedningen Aristoteles konkluderer i sin bedste bog ud fra ordene hos den viseste digter, Homer, at der ikke kan være noget godt styre dér, hvor der er mere end én herre, som hvor der i et hus er mere end én husfar eller husmor til at bestemme over tjenestefolkene. Derfor må ethvert styre alene have én herre og konge.

Dette er ganske vist rigtigt og sandt. For Gud har også indplantet et sådant lys og forstand i den menneskelige natur, så han har givet en antydning og billede af sit guddommelige styre, at han er al skabningens eneste herre og skaber. Men dermed er det høje, evige, guddommelige væsen endnu ikke tilstrækkeligt udforsket og erkendt. For selvom jeg har lært, at der er ét eneste guddommeligt væsen, der regerer alle ting, så ved jeg dog stadig ikke, hvad og hvordan det i det indre går for sig i selve det guddommelige væsen. Det kan ingen sige mig, uden hvor Gud selv åbenbarer det gennem sit ord.

Nu har vi kristne Skriften, hvorom vi med sikkerhed ved, at den er Guds ord. Den har jøderne også, og er fra deres fædre kommet til os. Derfra, og ingen andre steder, stammer alt, hvad man ved om Gud og de guddommelige gerninger, også hos muhamedanerne og hedningerne - altså det, der hos dem ikke er åbenbare fabler og eventyr. Skriftens ord er med store undergerninger blevet bevidnet og stadfæstet lige til i dag. Den lærer os altså om denne artikel, at der ikke er andre guder eller guddommelige væsener uden denne ene Gud. Skriften beskriver ikke alene Gud udefra, men fører os ind i hans inderste væsen og viser os, at der i denne ene er tre personer. Dog ikke tre guder eller tre guddomme, men et eneste, udelt, guddommeligt væsen.

Guds trehed

En sådan åbenbaring følger og udspringer netop af Guds højeste gerning, der er en tilkendegivelse af hans guddommelige rådslutning og vilje, som han fra evighed af har besluttet. Ifølge den har han gennem forkyndelsen givet løfter om, at hans Søn skulle blive menneske og dø, for dermed at forsone menneskeslægten med Gud. Vi kunne ikke hjælpes fra vort forfærdelige fald i synd og evig død, uden ved en evig person, der har magt over synd og død, så han kan udslette dem og i stedet give retfærdighed og evigt liv. Derfor kunne det ikke være en engel eller nogen anden skabning, men måtte være Gud selv. Nu kunne Faderens person ikke gøre det, da det var ham der skulle forsones, men det måtte være en anden person, som havde været med til at beslutte dette, og gennem hvem og på grund af hvem forsoningen skulle ske.

Altså er der to forskellige personer. *En, der bliver forsonet, og en anden, der bliver sendt til forsoning* og bliver menneske. Den ene kaldes Faderen, som den første, der ikke har sit udspring fra nogen andre. Den anden kaldes Sønnen, der er født af Faderen fra evighed af. Dette viser og bevidner Skriften, idet den om Guds Søn i Sl 2, 7 siger: "Du er min Søn, jeg har født dig i dag." Ligeledes i Gal. 4, 4: "Da tidens fylde kom, udsendt Gud sin Søn osv." Heraf følger, at fordi Sønnen kaldes en person, må han nødvendigvis være forskellig fra Faderens person.

På samme måde bliver også Helligånden omtalt som en speciel og særlig person, der bliver sendt eller udgår fra Gud Fader og Søn. Således i Joel 3, 1: "Jeg vil udgyde min Ånd over alt kød". Her bliver der udgydt en Ånd, som kaldes Guds eller en guddommelig Ånd, og må være af samme guddommelige væsen. Ellers kunne det ikke hedde "min Ånd". Samtidig må det være en selvstændig person, som ikke er lig med den, der sender eller udgyder. Da Ånden desuden viser sig i skikkelse af en due og en flamme, så må det være en anden person end både Faderen og Sønnen.

Inkarnationens og korsets dårskab

Ligeledes gælder det, at når vi lærer, at Guds Søn er blevet menneske med samme natur som os, for at forløse os fra synd og død, og skænke os evigt liv, uden al vor fortjeneste og medvirken, så giver vi ikke hverken jøder eller muhamedanere mindre grund til latter og spot, end når vi taler om de tre personer. Dette er endnu mere urimeligt for den menneskelige visdom, der i sin jødiske og muhamedanske, ja, hedenske prædiken slutter, at Gud er en eneste, almægtig herre over alle, som har skabt alle mennesker og givet dem loven, for at de skal leve derefter. Deraf følger, at han er nådig mod de fromme og lydige, men straffer og fordømmer de ulydige. Den, der derfor gør gode gerninger og vogter sig for synder, ham vil han belønne osv.

Dette er udelukkende hedenske tanker, udsprunget fra samfundets borgerlige indretning og styreform. Som om det i Guds rige skulle foregå på samme måde, som når en husfar styre børn og tjenestefolk. Sådanne kalder man gode ledere og herrer, som gør denne forskel mellem sine. En sådan hedensk visdom, hellighed og gudstjeneste lærer og driver også paven. Sådan troede vi alle i pavedømmet og vidste ikke andet - jeg lige så vel som de andre. Ellers ville vi have lært og handlet anderledes. Kort sagt, den, der ikke har denne åbenbaring og Guds ord, han kan ikke tro og lære anderledes.

Med denne tro var vi ikke bedre stillet end hedningerne og muhamedanerne. Ja, vi kunne ikke værger os mod nogen forførelse og løgn, der udgav sig for en god gerning og en gudstjeneste. Dengang måtte vi følge enhver slyngel, der kom med sin munkekappe, i stedet for Kristus. Vi mente, at de, der overholdt sådanne ting, blev salige. Hele verden var fuld af falsk gudsdyrkelse, hvilket Skriften kalder afgudsdyrkelse, udsprunget af menneskelig klogskab. Da bliver man taget til fange, når man tror, at alt sådant er gode gerninger, gjort i lydighed mod Gud. De ved ikke bedre. Og hvordan skulle de vide det, når det ikke bliver dem åbenbaret? Og hvor det bliver forkyndt, vil man ikke hører det, men følger sine egne tanker. Det forbliver altså skjult og ubegribeligt for dem, som Paulus siger her "hvem har lært Herrens sind at kende?"

Den guddommelige åbenbaring

Os er Guds råd og sind derimod åbenbaret og forkyndt, hvordan og hvorfor Gud sendte og gav sin Søn i vort kød. For vi ved fra Guds ord, at intet menneske kan retfærdiggøre sig selv for Gud, men at alt, hvad vi lever og gør, er under Guds vrede og fordømmelse. Vi er nemlig fuldstændig født i synd og er af natur ulydige mod Gud. Skal vi blive fri fra synden og blive frelst, må vi tro på denne mellemmand, Guds Søn. Han tog vor synd og død på sig, og betalte derfor med sit blod og sin død. Og ved sin opstandelse forløste han os derfra.

Ved det forbliver vi, selvom vi på grund af denne tro bliver hånet af den hedenske klogskab, der lærer, at Gud belønner de fromme. Det ved vi meget godt, også uden deres belæring. Her må vi imidlertid have en højere visdom, der ikke er udtænkt af os eller opstået i vort hjerte, men gennem guddommelig åbenbaring skænket os af ren nåde.

Vi vil ikke med vor egen forstand og tanker udforske Guds planer, tanker og veje, for derved at blive Guds rådgiver. Sådan som de, der imod Paulus' ord her, understår sig i, at gribe Gud i hans guddom og ikke ønsker at modtage eller lære noget fra ham, men at give ham noget, så de kan blive belønnet. De gør sig så mange guder, som deres tanker er, i hvilke de udtænker og drømmer sig til en gud. Enhver munkeorden eller anden selvvalgt gerning må gælde lige så meget som det, Gud Fader, Søn og Helligånd i den evige rådslutning har besluttet og udført. De er altså ikke andet end munkekuttebærere og gerningslærere, hvad også åbenbare, grove lovovertrædere vel kunne præstere. Og når de længe har gjort dette, ved de dog stadig ikke, hvordan de har det med Gud. Det bliver som Paulus siger: "Hvem har lært Herrens sind at kende, så han skulle kunne undervise ham?"

Det kan ikke kaldes at kende Herrens sind, at du selv strikker noget sammen, hvad du selv kan udtænke, opfinde og fatte, uden om enhver guddommelig åbenbaring. Hvad hjælper det dig, hvis du ikke kan sige andet end, at Gud er den fromme nådig og straffer de onde? Hvem forsikrer dig, at du er from og behager Gud med dit papistiske og muhamedanske munkevæsen og hellighed? Er det nok at sige, at den, der overholder disse ting, ham vil Gud give himlen? Nej, kære ven, her gælder det ikke at komme med, hvad du selv mener og siger. Det kan jeg lige så godt som du. Så udtænker enhver noget specielt. Den ene en grå munkekappe, den anden en sort, osv. At høre og erfare, hvad Guds råd, vilje og hensigt er, det kan intet menneske sige dig ud fra sit eget hoved. Ingen bog på jorden kan lære dig det, uden alene det ord og det skrift, som Gud selv har givet os. Heri forkyndes os, at Gud har sendt sin Søn til verden, for at forløse den fra synden og Guds vrede. Den, som tror på ham, skal eje det evige liv.

Se, det er hvad Paulus i denne epistel vil vise de kristne, at disse høje guddommelige sager, dvs. både hans virkelige guddommelige væsen og hans vilje, styrelse og gerninger, fuldstændigt overgår alle menneskers tanker, forstand og visdom. Kort sagt, det er og bliver helt ubegribeligt, uudgrundeligt og totalt skjult for den menneskelige forstand. Alt er forgæves, ja, mørke og løgn, hvad den tager sig for at udforske, vide, lære og forstå. Hvis noget skal læres, erkendes og begribes, må det ske alene gennem åbenbaringen, dvs. ved Guds ord, der er givet fra Himlen.

Om forudbestemmelsen

Disse ord hos Paulus henfører vi ikke til spørgsmålet om Guds forudbestemmelse af hvert enkelt menneske, om det skal blive frelst eller ej. Dette spørgsmål vil Gud overhovedet ikke, at vi spørger om eller udforsker. Derfor har han heller ikke givet nogen særskilt åbenbaring om dette, men *henviser ethvert menneske til evangeliets ord.* Dette skal de regne med og lytte til, og vide at *de, der tror det, skal blive frelst.* På denne måde har alle hellige grebet det evige liv og haft *fuld tillid til deres udvælgelse,* ikke på grund af en speciel åbenbaring om deres forudbestemmelse, men ved troen på Kristus. Derfor vil heller ikke Paulus - efter at han i de tre foregående kapitler har behandlet forudbestemmelsen - at nogen skal spørge eller undersøge, om han er forudbestemt eller ej. *Tværtimod fremholder han evangeliet og troen for enhver.* Ligesom han tidligere har lært, at vi bliver frelst ved troen på Kristus, således siger han også her i kap. 10, 8: "Ordet er dig nær, i din mund og dit hjerte". Han forklarer videre, at dette ord bliver forkyndt for alle mennesker *med den hensigt,* at *alle* skal tro det. Som han fortsætter: "De har jo alle den samme Herre, rig nok for alle dem, der påkalder ham. For enhver, der påkalder Herrens navn, skal frelses." (Rom. 10, 12-13).

Det, han behandler i disse kapitler, er Guds forunderlige styre i sin kirke. De, der har navn og ros af at være Guds folk og kirke (som f.eks. Israels folk), de bliver forkastet for deres vantros skyld. De andre, der ikke tidligere har været Guds folk, men har levet i vantro, de bliver nu Guds sande kirke og frelst, fordi de modtager evangeliet og tror på Kristus. *Det er altså alene deres egen vantros skyld, at de bliver forkastet.* For Guds nåde og barmhjertighed i Kristus bliver tilbudt til evigt liv, uden nogen fortjeneste, til dem, der før levede i vantro og synd, *blot de vil modtage* og tro det. Som Paulus siger: "Gud har indesluttet alle under ulydighed, for at han kunne forbarme sig over alle" (Rom. 11, 32).

Herefter følger nu denne tekst, hvor han på grund af stor forundring over Guds styre i sin kirke, udbryder: "O, dyb af rigdom og visdom og indsigt hos Gud! hvor uransagelig er ikke hans domme, og hvor usporlige hans veje!"

Det er Guds høje tanker og planer, der langt overgår alle menneskers, ja, alle skabningers, forstand og tanker, at han så rigeligt udøser sine gaver af ren nåde og barmhjertighed. Han udvælger de arme, elendige, uværdige, som er indesluttet under synden, dvs. de, der føler og erkender sig i sandhed for Gud at være under den evige vrede og fordømmelse. De skal vide både hvad han i sit indre guddommelige væsen er, og hvad han har på hjerte, nemlig at han ved sin Søn vil give dem, der tror, evigt liv og salighed. De andre, der stolt og sikker bryster sig af sine store gaver, at de er kaldet til at være Guds folk frem for andre, har særskilte løfter, profeter og fædre, osv., og mener, at Gud ikke kan og vil anse andre folk på jorden for sit folk og sin kirke, dem forkaster og fordømmer han på grund af deres vantro, i hvilken deres stolthed og indbildning om egen visdom og hellighed holder dem fanget.

Det er sandelig en rig, uudsigelig, guddommelig visdom og erkendelse, som kun de har, der tror på Kristus, at de kan skue ind i Guds dybder og *se, det guddommelige hjertes tanker og sind.* Dog kan de i deres svaghed ikke fuldkomment begribe det, eller forstå det længere end, de i troen fatter det åbenbarede ord - som i et spejl, i en gåde (som Paulus siger det i 1 Kor. 13, 12). For den blinde, vantro forstand er det derimod skjult, så der overhovedet intet er deraf i deres sind og tanker. Ja, de vil slet ikke hører eller vide noget derom, selvom det blev dem åbenbaret.

Paulus har set og erfaret, hvordan især det hovmodige jødiske folk gjorde kraftig og hårdnakket modstand mod evangeliets prædiken. Han må forundre sig over det og udbryder: hvad skal jeg sige mere? Jeg ser jo, at det ikke er andet end Guds dybe, uudgrundelige visdom og hans ubegribelige dom og uudforskelige veje, osv. Således siger han også i 1 Kor. 2, 7: "Vi prædiker Guds visdom, den hemmelige, skjulte, som Gud før verdensløbets begyndelse har forudbestemt for at føre os til herlighed. Den har ingen af denne verdens fornemme kendt".

Dybderne og rigdommen i denne visdom og erkendelse skal vi kristne erkende ved troen - for eller er den ikke til at fatte eller begribe, som han selv siger. Da verden ikke gør det, må vi holde det for sandt og give Gud den ære, at han i sandhed er en vis, retfærdig, gavmild Gud og Herre, hvis rigdom og fylde ikke kan udsiges. Al skabningen burde love og prise ham for, at han på så vidunderlig en måde styrer sin kirke ved sit ord og åbenbaring. De, som hører og modtager det, får derved et sådant lys, at de omvender sig til ham og erfarer frelsen. Det kan de andre ikke. Denne *uudsigelige godhed viser han mod alle,* der befinder sig under synden og Guds vrede. De uværdige og fordømte flytter han fra dødens og helvedes magt over i nådens og det evige livs rige. Blot de søger nåde og tror på hans Søn, Kristus.

Modsat forkaster og fordømmer han som en retfærdig dommer dem, der ikke vil tro og give agt på den åbenbaring og det *vidnesbyrd om sin vilje, som han har vist i sin Søn,* men tværtimod trodser og pukker på deres egne blinde visdom og retfærdighed. Berøvet nådens trøst og lys må de for altid være afsondret og forkastet fra Guds rige, uanset hvor stort navn og kald de har, så de anses for Guds folk og kirke.

Dette er Guds ubegribelige domme og hans uudforskelige veje, dvs. hans styre og gerninger. Guds domme kaldes det, som han anser for ret og uret, hvad der behager ham eller ikke, hvad han belønner eller straffer. Kort sagt, hvad man skal gøre eller undlade. Hans veje er, hvad han vise og vil gøre mod mennesker. Det formår mennesket ikke selv at se eller at udtænke med sin forstand. Her må vi lade Gud være mester med sine domme og tanker om, hvad der er ret og uret, guddommelige gerninger og styre. I stedet for skal vi ydmyge os og bekende, at vi intet forstår, langt mindre kan råde ham, men give ham den ære, at han er vor Gud og skaber, der bedre ved og forstår, hvem han selv er og hvordan han skal styre os arme, elendige kryb.

Tre slags tilhørere

"For hvem kender Herrens tanker, eller hvem blev hans rådgiver, eller hvem gav ham noget først, så der skulle gives ham gengæld derfor?" (Rom. 11, 34-35).

Tre ting nævner Paulus, for at fratage verden al ros i guddommelige sager. At kende Herrens sind og tanker, hvad han har for eller hvad han har besluttet fra evighed af. At være hans rådgiver eller vise, hvad og hvordan han skal løse og udføre tingene. Og give ham noget, dvs. at hjælpe ham med vore evner, kræfter og gerninger. Alt dette er umuligt for den menneskelige natur. Da den ikke kan kende Herrens tanker, kan den langt mindre give ham råd eller hjælpe ham.

Det er således et skrækkeligt hovmod, at verden understår sig i at mene, ikke alene at den af sig selv kan begribe og forstå Guds væsen, vilje og værk, men også give ham råd om, hvordan han skal udføre det, og hvad han skal synes om. Ja, man vil med sine gerninger selv udrette og gøre så meget, at Gud må give os løn derfor. Man ønsker den ære at have udrettet så store, fortræffelige ting i kirken, at den blev styrket og opretholdt derved, for således at fylde Himlen med sin store hellighed.

Gud må derfor omstøde sådanne forvendte tanker, og i sit styre og værk gøre det modsatte af, hvad de tænker og mener, for at deres visdom må blive til dårskab, så de forarger sig og snubler. I gerning og gennem erfaringen viser han os, at det ikke kommer til at gå, som vi tænker og foreslår, så vi må bekende at vi ikke har forstået hans tanker, planer og vilje, og heller ikke kan blive hans rådgiver. Hverken mennesker eller engle har på forhånd kunnet udtænke eller sige noget, langt mindre behøver han nu at tage os med på råd eller lønne os for noget, vi har givet ham.

Dette viser sig hos tre slags mennesker på jorden, blandt hvilke de kristne må leve.

Den første slags er de helt grove svin, der slet ikke spørger efter, hvem Gud er og hvordan han regerer. De regner ikke med noget som helst i Guds ord og tror ikke på noget. Det eneste, de regner med, er deres penge og vom. Tænker kun på, hvordan de selv kan fylde sig, ligesom svinene i svinestien. For dem skal man intet prædike af denne tekst: "O, dyb af rigdom og visdom og indsigt hos Gud!" Selvom man i al evighed prædikede derom, kunne de dog intet forstå. De vil hellere hører om fylderi og svineføde, hvormed de kan fylde deres vom. Vi lader dem derfor være og blive de svin, de er. De er allerede udskilt fra andre mennesker. Dog er det skrækkeligt, at man - også blandt kristne - skal se og høre noget sådant.

Den anden slags er de, der har fornuften i behold, og som bekymrer sig om, hvordan Guds tanker og meninger, domme og veje er - og hvordan man bliver salig. Det er også det, hedningerne og vi selv under pavedømmet har besværet vore tanker med. Herfra udspringer al afgudsdyrkelse på jorden. Her kommer enhver og gør sig sine egne tanker om Gud. Muhamed lærer, at den, der antager Koranen og dens tro, bliver salig.

Munkene lærer, at den, der holder deres regler og orden, bliver salig. Paven lærer, at den, der holder hans love og gudstjeneste, valfarter til Rom og køber afladsbreve, han modtager syndernes forladelse, mens den, der foragter dette, er under Guds vrede. Dette kalder man også domme og veje, ved hvilke man regerer samvittighederne og lover evigt liv, idet man mener, at det er Guds domme og veje.

Men Guds ord siger, at Gud ikke vil tolerere dette. Det er vranglære, mørke og forgæves gudsdyrkelse, dvs. gudsdyrkelse, der fremkalder Guds vrede og fjendskab. Hele verden må bekende, at selvom de længe lever efter sådanne selvvalgte påfund, at de dog ikke med vished kan sige, om Gud virkelig er dem nådig på grund af deres liv og gøren. De går altid i blinde og mørke, indtil Gud ved lovens åbenbaring træffer hjertet, så de med skræk må erkende, at de har levet uden kendskab til Gud og hans vilje. Der er ikke flere gode råd eller nogen hjælp, med mindre de griber evangeliets ord om Kristus.

Sådan var vi alle tidligere. Også jeg, som en gejstlig, lærd doktor vidste og forstod ikke andet. Jeg drømte, at min munkekappe behagede Gud og var en vej til himlen. Jeg mente, at jeg kendte Herrens tanker ganske godt og ønskede at give ham gode råd og tjene ham, så han måtte belønne mig. Nu derimod ser jeg, at dette var falsk og blindhed. Af hans ord må vi lære, at intet andet gælder over for ham end hans søn, den korsfæstede Kristus. I denne tro skal enhver leve og gøre, hvad hans kald og stand fordrer. Sådan bliver man vis på, hvad der er ret og uret for Gud, da vi ikke selv har opdigtet det, men har det gennem åbenbaringen, hvori Gud viser os, hvad han har på sinde. Som Paulus siger i 1 Kor. 2, 16: "Vi har Kristi sind". Og i vers 10: "Os har Gud åbenbaret det ved sin Ånd".

De, der farer forbi Guds ord

Den tredje slags er de, der farer forbi dette. De hører ganske vist ordet eller åbenbaringen. Jeg taler nemlig her ikke om dem, der bevidst forfølger Guds ord, for de hører hjemme under den første kategori, som slet ikke spørger efter Gud. Nej, jeg taler om dem, der lader åbenbaringen stå, men som, forført af Djævelen, farer over og forbi åbenbaringen og vil forstå de domme og veje, som Gud ikke har åbenbaret. Hvis de virkelig ville være kristne, burde de slå sig til tåls med og takke Gud for, at han har givet os sit ord. Heri viser han os, hvad der behager ham og hvordan vi bliver salige. Nu lader de sig derimod fører af Djævelen og søger andre åbenbaringer. De grubler over, hvordan Gud er i hans usynlige majestæt, og hvordan han hemmeligt styrer verden. Hvad han har fastsat om enhvers fremtid. Vor natur og fornuft kan ikke lade være. I sin visdom vil den forstå Guds dom og være til stede i Guds hemmelige råd, for at belære og mestre ham. Det er den lede Djævels sædvane, og grunden til at han blev styrtet i afgrunden, at han ville begribe den guddommelige majestæt. Stadig ønsker han at bringe mennesker til fald som han gjorde i Paradis, derfor frister han de hellige. Ja, selv Kristus førte han op på templets tinde.

Mod dette anfører Paulus disse ord, som svar på den selvkloge fornufts spørgsmål om, hvorfor Gud har straffet og forkastet jøderne og i stedet har ladet hedningerne komme til evangeliet. Og hvorfor han styrer verden sådan, at han ophøjer onde, gudløse mennesker, men lader de fromme lide og undertrykkes. Hvorfor han udvalgte Judas til apostel og siden forkastede ham. Og antog en morder og røver. Paulus vil med sine ord forbyde, at vi stiger op til den skjulte majestæt, men at vi i stedet holder os til åbenbaringen, som er givet os. En sådan forsken og klatren er ikke alene forgæves, men også skadelig. Selvom du forskede i al evighed, ville du intet opnå, og desuden brække halsen.

Vil du handle ret, så kan du intet bedre gøre end at du stiller dig tilfreds med Guds ord og gerninger, hvori han har åbenbaret sig og hvori han lader sig høre og gribe. Når Gud stiller sin Søn frem for dig på korset, da ser du det værk, som har forløst dig. Her kan du med vished gribe Gud og vide at han ikke vil fordømme dig på grund af dine synder, når du tror, men skænke dig evigt liv. Som Kristus siger: "Således elskede Gud verden, at han gav sin eneste Søn, for at enhver, som tror på ham, ikke skal fortabes, men have evigt liv".

I denne Kristus er, som Paulus siger, alle visdommens og kundskabens skatte skjult til stede. Her kan du forske og studere, og vide at du har nok. Her kan du forundre dig over Guds høje åbenbaring og således få lyst og kærlighed til Gud. For det er et sådan værk, at du aldrig kan udforske det til bunds i dette liv. Selv ikke englene kan se sig mætte her, som Peter siger, men har deres glæde og lyst i dette syn.

Dette siger jeg af den grund, at man kan vide at undervise og vejlede de, som plages og anfægtes af Djævelen med sådanne tanker, så de frister Gud. Djævelen lokker dem til ad afveje at udforske uden for åbenbaringen, hvad Gud tænker om dem. Derover falder de i tvivl og mismod, så de ikke ved, hvordan de skal bestå. For dem skal man fremholde disse ord, og som Paulus gjorde det over for jøderne og de selvkloge, straffe dem for, at de med deres klogskab vil gribe Gud og undervise ham, som hans rådgivere og mestre. De vil handle med Gud uden midler og give ham noget, så han er skyldig at gengælde dem. Men det bliver der ikke noget af. Han har bygget så højt, at du ikke kan klatre op til ham. Han har så megen visdom, råd og rigdom, at du aldrig vil kunne udgrunde eller forstå det. Du skal bare være glad for, at han har ladet dig erkende lidt af det og har ladet dig erfare noget gennem åbenbaringen.

Gud er både skaber og opretholder

Som det videre hedder: "Af ham, ved ham og i ham er alle ting. Hans er æren i evighed".

Hvad har vi at rose os af, vil han sige. Alt, hvad der er til, altså også vor visdom og formåen, har ikke sit udspring fra sig selv, men fra ham. Alt har sin begyndelse fra ham, og består og opretholdes af ham. Som ApG 17, 28 siger: "I ham lever, røres og er vi". Hvad vi er og formår, at vi lever, har fred og beskyttelse, og kort sagt, hvad godt og ondt, der sker os, det sker ikke tilfældigt eller uden grund, men ud fra og ved hans guddommelige råd og vilje. Han sørger for os som sit folk og hjord. Han leder, gør vel imod os, hjælper i nøden og opretholder os. Derfor tilhører også ham al lov og ære fra hele skabningen.

At Paulus siger: "Af ham, ved ham og i ham", betyder ganske enkelt, at både begyndelsen, midten og endemålet er helt og aldeles fra Gud. Alle skabninger har deres herkomst fra ham, og deres vækst, hvor stor, lang og bred, de skal være. For at sige det helt enkelt, så begynder ethvert korn med, at det døde frø sætter rod i jorden; derefter skyder der et strå frem, som sætter blade, aks og korn. På samme måde har alt det skabte sin begyndelse, midte og endemål, hvordan det skal være og hvor længe det skal bestå. Og hvis Gud trak sig tilbage, så kunne intet længere eksistere. Om det end var begyndt og voksede, ville det dog ikke nå sit mål.

Kort sagt, alt beror på Gud. Hvis han ikke satte det i gang, ville intet blive til eller eksistere, og hvis han ophørte, kunne intet bestå. For Gud har ikke skabt verden som en tømrer, der bygger et hus og så drager bort og lader huset stå som det kan. Nej, han bliver der og opholder alt, sådan som han har skabt det. Ellers kunne det hverken bestå eller forblive.

Paulus siger ikke blot, som han gør andre steder: "Af ham er alle ting", men tilføjer yderligere to ting, så han skaber et treleddet udsagn. Samtidig bringer han atter de tre led sammen og forener dem til ét, idet han siger: "Ham være æren". Dermed har han sikkert villet antyde de tre personer i det guddommelige væsen, skønt han ikke nævner dem ved navn. Sådan har også de gamle lærere forstået dette udsagn som et vidnesbyrd om den hellige treenighed. Alle ting er skabt af Gud Fader gennem Sønnen og består ved Helligånden. Som Paulus også siger det andre steder, som f.eks. i 1 Kor. 8, 6: "For os er der kun én Gud, Faderen, fra hvem alt er, og én Herre, Jesus Kristus, gennem hvem alt er".

Således lærer Skriften os, at skabelsen af alle ting vel er et værk af den ene Gud eller hele guddommen. Dog er der i dette ene væsen tre forskellige personer, så man med rette siger, at al oprindelse, bestået og forbliven er fra Faderen som den første person gennem Sønnen, som er af Faderen, og ved Helligånden, som udgår fra både Faderen og Sønnen. Alle tre personer forbliver dog én eneste, udelt guddom.

Hvordan og hvorledes denne forskel på personerne finder sted fra evighed af, skal og må vi lade uudforsket. Vi kan jo ikke engang forstå det, Gud har skabt. Ingen skabning er så klog, at den selv kan forstå de tre stykker: begyndelse, midte og endemål. Selvom der er forskel på disse tre dele, så hænger de så nøje sammen, at man i det ydre ikke kan adskille dem. Hvem har nogensinde forstået og kunnet forklaret, hvordan det går til, at et blad vokser ud af et træ, eller at et frø slår rod, og at et kirsebær vokser ud af en blomst gennem træ og kerne? Ligeledes: hvordan et menneskes liv og lemmer vokser og tager til? Eller hvad med synsevnen; eller hvordan tungen kan lave så mange forskellige lyde og ord, som kan opfattes af så mange forskellige ører og hjerter? Langt mindre forstår vi, hvordan det forholder sig med vort inderste væsen, med vor tanker, følelser og hukommelse. Hvordan kan vi da indbilde os, at vi skulle kunne begribe og forstå Guds evige, usynlige væsen med vor forstand?

Den Store Lutherserie

1 Kristi nadverord står fast
2 Kirkepostillen, bind 1
3 Kirkepostillen, bind 2
4 Kirkepostillen, bind 3
5 Salme 51
6 Opstandelsen
7 De Lutherske Bekendelsesskrifter
8 Vejledning for menighederne
9 Huspostillen
10 Bjergprædikenen
11 Luther-Lex-Citater
12 Teologiens Grundbegreber
13 Første Mosebog bind 1
14 Første Mosebog bind 2
15 Første Mosebog bind 3
16 Første Mosebog bind 4
17 Om den hellige dåb 1535
18 Fortalerne til Bibelen
19 En enkel måde at bede på
20 At bede enkelt
21 Nådens Nøgler
22 Sang og Musik
23 Udvalgte Breve
24 Festpostillen